Deutsche Haiku-Gesellschaft e.V.

Die Deutsche Haiku-Gesellschaft e.V.[1] unterstützt die Förderung und Verbreitung deutschsprachiger Lyrik in traditionellen japanischen Gattungen (Haiku, Tanka, Haibun, Haiga und Kettendichtungen) sowie die Vermittlung japanischer Kultur. Sie organisiert den Kontakt der deutschsprachigen Haiku-Dichter/-innen untereinander und pflegt Beziehungen zu entsprechenden Gesellschaften in anderen Ländern. Der Vorstand unterstützt mehrere Arbeits- und Freundeskreise in Deutschland sowie Österreich, die wiederum Mitglieder verschiedener Regionen betreuen und weiterbilden.

Der Mitgliedsbeitrag beträgt 40 € im Jahr und beinhaltet die Lieferung der Zeitschrift.

Anschrift: Deutsche Haiku-Gesellschaft e.V., z. Hd. Stefan Wolfschütz, Postfach 202548, 20218 Hamburg
Web: http://www.deutschehaikugesellschaft.de
E-Mail: stefan.wolfschuetz@dhg-vorstand.de

Ehrenpräsidentin: Margret Buerschaper, Auenstraße 2, 49424 Goldenstedt

Info/DHG-Kontakt und Redaktion: Claudia Brefeld, Auf dem Backenberg 17, 44801 Bochum, Tel.: 0234/70 78 99
E-Mail: claudia.brefeld@dhg-vorstand.de
info@deutschehaikugesellschaft.de

Protokoll: Horst-Oliver Buchholz, Wöhlerstraße 20, 63454 Hanau-Kesselstadt, Tel.: 06181/66 80 162
E-Mail: oliver.buchholz@dhg-vorstand.de

Kassenwart: Georges Hartmann, Ober der Jagdwiese 3, 57629 Höchstenbach, Tel.: 02680/760
E-Mail: georges.hartmann@dhg-vorstand.de

Webmaster: Stefan Wolfschütz, Curschmannstraße 37, 20251 Hamburg, Tel.: 040/477965
stefan.wolfschuetz@dhg-vorstand.de

Internationale Kontakte: Klaus-Dieter Wirth, Rahserstraße 33, 41747 Viersen, Tel.: 02162/12243
kd.wirth@dhg-vorstand.de

Bankverbindung: Landessparkasse zu Oldenburg, BLZ 280 501 00, Kto.-Nr. 070 450 085 (BIC: BRLADE21LZO
IBAN: DE97 2805 0100 0070 450085). Die finanzielle Unterstützung der DHG quittieren wir mit Spendenbescheinigungen.

[1]Mitglied der Federation of International Poetry Associations (assoziiertes Mitglied der UNESCO), der Haiku International Association, Tôkyô, der Gesellschaft für zeitgenössische Lyrik e.V., Leipzig, Ehrenmitglied der Haiku Society of America, New Orleans.

Editorial

Liebe Leserinnen und Leser,

heute darf ich Sie hier zum ersten Mal in meiner neuen Eigenschaft als Redaktionsmitglied begrüßen und zur Lektüre der Märzausgabe von SOMMERGRAS einladen. Im Dezember entließ Claudia Brefeld Sie an dieser Stelle mit guten Wünschen für die Winterzeit und das Jahr 2015. Inzwischen wissen wir, dass schon die ersten Tage des neuen Jahres mit Schreckensnachrichten aus Paris aufwarteten, aber auch aus Nigeria, wo die Terrormiliz Boko Haram im Namen eines falschen Islams Massaker verübte. Nun haben wir Anfang März und nähern uns noch einmal einem Zeitpunkt im Jahr, den wir mit hoffnungsvollen Gedanken verbinden: dem Frühling. Mit Freude werden wir seine ersten Zeichen in der Natur beobachten, und die Haiku-Dichter unter uns wird er aufs Neue inspirieren. Allerdings werden uns auch weiterhin persönliches Schicksal, Leid in der Familie, im Freundeskreis, das Leid in der Welt berühren und sich im Haiku wiederfinden. Das Leben in seiner ganzen Vielfalt findet Platz in diesen drei Zeilen, aber neben Empörung und Trauer immer auch die Hoffnung. Und bisweilen gelingt es sogar, diese widersprüchlichen Gefühle in einem Haiku zu vereinen. So möchte ich Sie in den Frühling entlassen mit einem Haiku von Vincent Hoarau:

Tag der Trauer
das Kind beginnt
eine neue Zeichnung

Ihre Eleonore Nickolay

Je suis Charlie

Ein herzliches Dankeschön an die 37 DHG-Mitglieder, die dem Aufruf der Sommergras-Redaktion folgten und sich in 85 Einsendungen mit den Opfern des Anschlages auf *Charlie Hebdo* solidarisch erklärten. Claudia Brefeld, Eleonore Nickolay und Maren Schönfeld haben 13 Haiku ausgewählt.

Sturmböen …
ganz fest in der Hand
Stift und Papier

Christa Beau

Schlagwörter
ihr Schattenwurf im
Sonnenlicht

Brigitte ten Brink

Bleistiftskizze
auf der Schulzeitung
heute bin ich …

Claudius Gottstein

gespitzt,
auch an der Bruchstelle
nach-richten

Gabriele Hartmann

Charlie Hebdo
ausverkauft –
noch fällt kein Schnee

Eva Limbach

Je suis Charlie –
den Trauermarsch begleiten
Mohammeds Tränen

Jörg Schaffelhofer

auf dem Schachbrett
die Felder verschwommen
qui suis-je?

Gerd Börner

Re(d)aktionssch(l)uss
andere stehen bereit
vor weißen Blättern

Ralf Bröker

der stift
vorsichtig gespitzt
weiche miene …

Ruth Guggenmos-Walter

verzweifelte Nacht
mit angespitztem Bleistift
Tränen malen

Friedrich Kelben

Charlie bin ich nicht
aber an deiner Seite
rinnen mir Tränen

Peter Rudolf

Schweigeminute –
Geschosse der Schneeflocken
vor meiner Scheibe

Angelica Seithe

der Große Bruder
nimmt dich nicht in den Arm
wenn du weinst

Traude Veran

Haiga: Eleonore Nickolay

Inhalt

Claudia Brefeld, Eleonore Nickolay und Maren Schönfeld
Die Redaktion stellt sich vor

Maren Schönfeld
Begegnung im Buch

Seit 22 Jahren bin ich Lyrikautorin und immer auf der Suche nach der präzisen, kürzesten Ausdrucksform. Ich fand es schon immer reizvoll, mit Gedichtformen zu experimentieren, und wandte mich früh den Formen Rondell, Sonett und Fünfzeilige Strophe zu, schrieb jedoch auch immer freie Gedichte. Der Reiz besteht für mich darin, zwischen Formen zu wechseln. Als ich in die Erwachsenenbildung ging, um kreatives Schreiben zu lehren, stieß ich in einem Buch des Autors Lutz von Werder auf das Haiku. Aus dem ersten Ausprobieren entstand eine Leidenschaft, die ich auch an einige Kursteilnehmer/-innen weitergeben konnte. Für mich ist es das Schönste, ein ganz knappes, nur ein oder zwei Zeilen umfassendes Haiku zu schreiben. Ich mag es auch sehr, mit anderen in einen lyrischen Dialog in Form einer Partnerdichtung zu kommen.

Eleonore Nickolay
Begegnung im Park

Ich *kam* im wahrsten Sinne des Wortes zum Haiku: Es lockte mich an einem goldenen Herbsttag im November 2012 im Park „Tête d'Or" in Lyon mit einer japanischen Melodie. Mit meinem Sohn, der sein Studium weit von zu Hause in dieser uns beiden noch fremden Stadt begonnen hatte, erkundete ich zum ersten Mal den wunderschönen Park. Neugierig näherten wir uns der fremden Musik und erreichten ein Podium, wo soeben im Rahmen eines von der Französischen Haiku-Gesellschaft veranstalteten Herbstfestes Preise für die besten Haiku vergeben worden waren. „Was ist denn ein Haiku?", fragte mein Sohn, und um ihm eine präzise Auskunft geben zu können, recherchierte ich im Internet und schrieb noch am selben Abend mein erstes Haiku, das

mehr schlecht als recht den gemeinsamen Spaziergang in jenem Park wiedergab. Seitdem bin ich in seinem Bann. Mein einziges Bedauern ist, es nicht früher kennengelernt zu haben. Seit über dreißig Jahren schreibe ich Kurzgeschichten, seit dreißig Jahren lebe ich in Frankreich. Dreißig Jahre lang habe ich das Schreiben als ein einsames „Geschäft" empfunden und mich dazu in Frankreich auch sprachlich isoliert gefühlt. Dank des Haiku lernte ich zum ersten Mal eine Zugehörigkeit kennen, einen unmittelbaren Austausch, zum ersten Mal auch mit Franzosen, denn ich schreibe Haiku auch auf Französisch. Es kam zu Begegnungen in Frankreich und Deutschland, es knüpften sich freundschaftliche Bande in beiden Ländern. Im Sommer 2013 trat ich beiden Haiku-Gesellschaften bei. Das Haiku hat mein Leben bereichert, ja, (noch) spannender gemacht, literarisch und menschlich!

Claudia Brefeld
Begegnung mit Kürze

Ich schaute auf die Vase mit dem grünen Zweig, die unsere Seminarleiterin mitten auf den Tisch gestellt hatte. Dazu gab es die knappe Erläuterung: „Versucht, ein Haiku schreiben. Für diejenigen unter euch, die dieses japanische Kurzgedicht nicht kennen: Ein Haiku ist ein Dreizeiler mit der Silbenaufteilung 5-7-5, und es beschreibt eine Naturbetrachtung." Da saß ich nun und fühlte mich völlig überfordert. Dabei schrieb ich schon seit vielen Jahren Lyrik, versuchte mich immer wieder und besonders gerne an Kurz- und Kürzestgeschichten und hatte in Seminaren in Wolfenbüttel und Unna an meinem Stil gefeilt. Schnell merkte ich, die Kürze lag mir, das Ringen um jedes einzelne Wort empfand ich als großartige Herausforderung. Aber ein Haiku? Die ersten Versuche misslangen mir gründlich, und ich war völlig enttäuscht. Das schaffst du nie, dachte ich bei mir. Wochen später schob mir eine Bekannte ein Exemplar von „Haiku mit Köpfchen" über den Tisch, ich blätterte darin und wurde sogleich von diesen Werken mit ihrem eigenen, flüchtigen und zugleich tiefen Charme, der mich Lesende öffnete und mitnahm, derart angezogen, dass ich zu recherchieren begann und in den

Sog der Haiku-Werkstatt auf haiku.de geriet – dort wollte und durfte ich eine Menge lernen. Das war vor zwölf Jahren! Es folgte dann eine intensive Mitarbeit am Saijiki-Projekt auf haiku.de, und als ich Mitglied der DHG wurde und später im Vorstand saß, sammelte ich noch einmal neue Erfahrungen in dieser Haiku-Welt mit ihren vielen – auch internationalen – Kontakten. Ich entdeckte meine besondere Vorliebe für gemeinsame Kettendichtung – ein herrliches und bereicherndes Miteinander – und dem Haiga, das mir die Möglichkeit gibt, die Fotografie – meine besondere Leidenschaft – mit einzubeziehen!

den Weg teilen
Rengay

stiller Tann
ich teile den Weg
mit einer Rehspur

zwei Krähen fliegen auf
hinterlassen einen Schrei

wirbelnde Flocken –
am fernen Hang
gleiten Kobolde

Zweige knacken
… langsam steigt der graue Mond

in der Senke
ein See aus weißer Gischt
wird Skulptur

wir beide gebannt
Aug' in Aug'

CB: 1, 4 / MS: 2, 5 / EN: 3, 6

Abendrot ...
der Bach trägt den Klang
des Frühlings davon

Haiga: Ramona Linke

Aufsätze und Essays

Klaus-Dieter Wirth

Grundbausteine des Haiku (XXII)
dargestellt an ausgewählten fremdsprachlichen Beispielen

Frage

Es dürfte überraschen, dass sich auch eine Frage als Formelement des Haiku eignen kann. Allerdings ist zu berücksichtigen, dass es verschiedene Typen von Fragen gibt, wovon die meisten als Grundbaustein ungeeignet sind. So die *Entscheidungsfrage*, auf die die Antwort nur ja oder nein lauten kann, z. B. „Mähst du noch schnell den Rasen?" Syntaktisch ist dieser Typus durch die Spitzenstellung des Verbs (s. o.) oder bloße Intonation, durch die Stimmführung der Satzmelodie gekennzeichnet, z. B. „Du mähst schon?" Ähnlich unergiebig im Hinblick auf eine Antwort sind die *Doppel- oder Alternativfragen*, die eine Entscheidung zwischen zwei Möglichkeiten anspricht („Hast du ihn zur Rede gestellt oder geschwiegen?"), die *Vergewisserungsfrage*, bei der eine bestimmte Annahme vorliegt, die bestätigt oder verneint werden soll („Ihr fahrt morgen ans Meer?"), die *Suggestivfrage*, bei der eine ganz bestimmte gewünschte Antwort nahegelegt wird („Habe ich nicht recht?"), die *Echofrage*, bei der eine Ausgangsfrage aufgenommen und in eine Gegenfrage umgeformt wird („Wer hat das gemacht? > Wer das gemacht hat?") und die *Refrainfrage*, bei der man nur eine kurze Vergewisserungsformel an den Aussagesatz anhängt („Wir sehen uns morgen, nicht wahr?"). Demgegenüber löst die *Bestimmungs- oder Ergänzungsfrage* – leicht erkennbar am einleitenden Fragewort (Wer, was, wie, wo, wann, warum …?) – schon eine spezifischere Antwort aus. Neben diesen direkten Fragesätzen spricht man von *indirekten oder abhängigen Fragesätzen*, sobald die Frage nicht mehr selbstständig auftritt, sondern in einem Gliedsatz, der dann durch ein Fragefürwort oder Frageumstandswort eingeleitet wird („Ich weiß nicht, ob er heute kommt."). Auch eine *Scheinfrage*, die nur der Form nach eine Frage darstellt, in

Wirklichkeit aber eine nachdrückliche Aufforderung beinhaltet („Wirst du wohl gehorchen?"), ist als Formelement des Haiku kaum geeignet. Dazu öffnen alle diese Fragetypen[1] zunächst keine echten Räume, wie sie gerade für das Haiku so wichtig sind. Dennoch ist festzustellen, dass sich unter der Oberfläche auch dieser Fragestellungsformen in der Tiefenstruktur Sprechhaltungen auftun, die ein Mehr hervorbringen, sei es als anthropomorphische Anrede (s. Grundbaustein VIII) oder philosophische Selbstbesinnung.

Der Typus, der sich jedoch unmittelbar anbietet, ist die *rhetorische Frage*, eine Frage, auf die man keine Antwort erwartet, die nur um der Wirkung willen gestellt wird. Auf die Erfahrung des Haiku-Moments bezogen, entwickelt sie sich aus der Beobachtung im Hier und Jetzt heraus über die Bestandsaufnahme hin zu einer gewissen empathischen Einfühlung in das Wesen des erlebten Phänomens, was schließlich einen Pseudodialog in Gang setzt: eine Annäherung voller Ehrfurcht und Neugierde, quasi eine *existenzielle Frage*.

Zur Abwägung zunächst einige traditionelle und zeitgenössische Haiku aus Japan:

Ein Blütenblatt,
das zurückkehrt an seinen Zweig? –
Ein Schmetterling!

    Arakida Moritake (1472–1549)

Übersetzung v. Dietrich Krusche

Winkt es *mir* zu?
Bestimmt nicht
das Pampasgras.

    Nishiyama Sôin (1605–1682)

Eigene Übersetzung einer engl. Vorlage

Raureifnacht –
wie schlafen
wenn das Meer nicht schläft?

    Suzuki Masajo (1906–2003)

Eigene Übersetzung einer franz. Vorlage

Atmen?
Das ist aufsaugen aller Stimmen
der Zikaden des Abends

    Kancho Tôta (*1919)

Eigene Übersetzung einer franz. Vorlage

---

[1]Winfried Ulrich: „Wörterbuch – Linguistische Grundbegriffe", Unterägeri [4]1987, S. 59f.
 Hadumod Bußmann: „Lexikon der Sprachwissenschaft", Stuttgart 1983, S. 148f.

Schnee, der du auf uns beide fielst –
bist du derselbe
in diesem Jahr?

Matsuo Bashô (1644–1694)

Eigene Übersetzung einer franz. Vorlage

Ob sie beim Heimflug
den Bergschatten nutzt,
die Meisenschar?

Okada Yasui (1658–1743)

Übersetzung v. G. S. Dombrady

War es der Schatten
des Falken, den Boden streifend?
Chrysanthemen im Wind

Hayano Hajin (1677–1742)

Übersetzung v. Ekkehard May

Wenn man mich fragte:
„Warum so eilig?" würde ich antworten:
„Die Sonne geht gerade unter."

Shinya Ogata (zeitgenössischer Autor)

Eigene Übersetzung einer engl. Vorlage

Er sieht mich an, der Frosch –
aber was macht er
für ein Gesicht?

Kobayashi Issa (1763–1827)

Übersetzung v. Dietrich Krusche

Zwischen den Nelken
Dieser weiße Schmetterling
Eine Seele?

Masaoka Shiki (1867–1902)

Eigene Übersetzung einer franz. Vorlage

Winterfarne –
ist es ein Traum
oder das Erinnern eines Traums?

Aoyagi Shigeki (*1929)

Eigene Übersetzung einer franz. Vorlage

Wenn er sprechen könnte
dieser sterbende Schmetterling –
wen würde er rufen?

Terayama Shûji (1935–1983)

Eigene Übersetzung einer franz. Vorlage

Liebes Kardiogramm!
Könntest du auch meine
Frühjahrswehmut aufzeigen?

Michio Nakahara (*1951)

Eigene Übersetzung einer engl. Vorlage

Das Wort „Hiroshima",
ist es gewichtiger
als ein Schmetterling?

Ban'ya Natsuishi (*1955)

Eigene Übersetzung einer engl. Vorlage

for you too, fawn
is each step a step
into the dark?

    J. Bower (USA)

auch für dich, Rehkitz
ist jeder Schritt ein Schritt
ins Dunkle?

seagull or kite –
for the wind
what difference

    Wanda D. Cook (USA)

Möwe oder Drachen (auch Milan) –
für den Wind
was für ein Unterschied

rain-streaked windows
  how to paint
   the finch's song

    Carolyn Hall (USA)

Fenster vom Regen gestreift
  wie nur den Gesang
   des Finken malen

Chrysanthemum man,
will he notice me
noticing him?

    M. Kei (USA)

Rosenkavalier,
wird er mich bemerken,
so wie ich ihn bemerke?

getting older
how to thank the one
who built this bench

    Jane Reichhold (USA)

älter werdend
wie dem danken
der diese Bank gebaut hat

wilting clematis …
do I want to fall in love
again

    Sue Colpitts (CDN)

welkende Clematis …
möchte ich mich noch einmal
verlieben

quelle surprise
au réveil toute cette neige
ne dort-elle pas la nuit?

    Janick Belleau (CDN)

welche Überraschung
beim Erwachen all dieser Schnee
schläft er des Nachts nicht?

ce qui tombe	was da fällt
est-ce neige	ist es Schnee
ou silence	oder Schweigen
Hélène Boissé (CDN)	

paysage immobile	bewegungslose Landschaft
attend-t-il patiemment	wartet sie geduldig auf
quelque photographe?	irgendeinen Fotografen?
Suzette Lecomte (CDN)	

magnolia en fleurs	Magnolie in Blüte
„dis Mémé les arbres	„Sag, Omi, die Bäume
ils ont tous un nom?"	haben alle einen Namen?"
Claire Du Sablon (CDN)	

Can words be as still	Können Worte so still sein
as the motionless trees,	wie die bewegungslosen Bäume
in this solstice time?	in dieser Sonnenwendzeit?
John Bate (GB)	

cemetery	Friedhof
does the summer wind go	geht der Sommerwind dorthin,
where you have gone	wo du hingegangen bist
André Surridge (GB)	

why rage if the roof	wozu die Wut, wenn das Dach
has holes?	Löcher hat?
Heaven is roof enough	der Himmel ist Dach genug
Juanita Casey (IRL)	

Sheep in the rain –	Schafe im Regen –
what on earth can make you	was denn nur kann euch abhalten,
stop chewing grass?	Gras zu kauen?
Gilles Fabre (IRL/F)	

14

haar glimlach
toen ze haar benen kruiste –
wat zei je ook weer?

    Fred Flohr (NL)

De poes kijkt mij aan
met grote ronde ogen.
Ben ik echt zo eng?

    Rob van Grunningen (NL)

zou er weleens iemand
terug wijven
naar riet?

    Ettina J. Hansen (NL)

Waar begint de zee
waar eindigt de rivier –
die verdwijnt en blift

    Inge Lievaart (NL)

Kan ik jou vragen
waarheen deze weg ons leidt
kleine huisjesslak?

    Siem v. den Nieuwendijk (NL)

de trap omlaag –
mijn voeten en gedachten,
wie zijn de snelste?

    Eveline Rutgers (NL)

Miljoenen schelpen –
Waar bleven de weekdiertjes
die erin woonden?

    Bart Mesotten (B)

---

ihr Lächeln
als sie ihre Beine kreuzte –
was sagtest du noch?

Die Katze schaut mich an
mit großen, runden Augen.
Bin ich wirklich so abstoßend?

soll da wohl mal jemand
dem Schilfrohr
zurückwinken?

Wo beginnt das Meer
wo endet der Fluss –
der verschwindet und bleibt

Kann ich dich fragen,
wohin uns dieser Weg führt,
kleine Schnecke mit Haus?

die Treppe nach unten –
meine Füße und Gedanken,
wer ist der Schnellste?

Millionen Muschelschalen –
Wo blieben all die Weichtierchen,
die darin wohnten?

Heeft niemand mijn rups
gezien? Een groengestreepte,
een toekomstvlinder.

    Hubert De Splenter (B)

Geboortedorp –
waar zijn de vogelverschrikkers
uit mijn kindertijd?

    Frans Terryn (B)

Een vaas jasmijnen.
Maar hoe pluk ik de wind, die
ze heen en weer wiegt?

    Herwig Verleyen (B)

Qu'est-ce qu'ils ont
à crailler comme ça, les corbeaux?
Matin de printemps

    Jean Antonini (F)

là-haut
nuage ou neige?
seule la montagne sait

    Brigitte Briatte (F)

les étoiles renommées
sont-elles plus éclatantes
que les inconnues?

    Dominique Chipot (F)

Envol de libellules –
combien de silences
ont pris fin?

    Hélène Duc (F)

Hat niemand meine Raupe
gesehen? Eine grüngestreifte,
ein künftiger Falter.

Geburtsdorf –
wo nur sind die Vogelscheuchen
meiner Kinderzeit?

Eine Vase Jasmine.
Aber wie pflücke ich den Wind, der
sie hin und her wiegt?

Was haben sie da
so zu krächzen, die Raben?
Frühlingsmorgen

da oben
Wolke oder Schnee?
nur der Berg weiß es

die namhaften Sterne,
sind sie strahlender
als die unbekannten?

Auffliegende Libellen –
wieviel Schweigen
hat jetzt ein Ende?

16

La porte du salon
s'entrouvre: chat
ou la patte du vent?

   Germain Rehlinger (F)

Violettes blanches
Quel poète vous a semé
Près du cerisier?

   Patrick Somprou (F)

El prado lleno
de flores amarillas.
¿Quién las plantó?

   Rafael García Bidó (E)

dandelion flowers –
where has the yellow butterfly
landed?

   Alenka Zorman (SLO)

a bunch of grapes
to eat them
or to draw them?

   Ion Codrescu (ROM)

now what is my shadow
doing out there,
alone in the cold?

   Ginka Biliarska (BG)

Encontré un pétalo
en mi almohada. ¿Qué sueño
lo deshojó?

   Ertore José Palmero (RA)

Die Wohnzimmertür
öffnet sich ein wenig: Katze
oder die Pfote des Winds?

Weiße Veilchen
Welcher Dichter hat euch so
Nah am Kirschbaum gesät?

Die Wiese voll
von gelben Blumen.
Wer pflanzte sie?

Löwenzahnblüten –
wo ist der gelbe Schmetterling
gelandet?

eine Weintraube
zum Essen
oder Malen?

was macht jetzt mein Schatten
da draußen
allein in der Kälte?

Ich fand ein Blütenblatt
auf meinem Kissen. Welcher Traum
ließ es abfallen?

¿Cómo se reparten
el sol en el naranjo
las naranjas?

    Pablo Neruda (RCH)

Wie teilen die Orangen
die Sonne im Baum
unter sich auf?

Haiga: Ion Codrescu (Zeichnung) und Martina Heinisch (Haiku)

Traude Veran

Was ist denn jetzt wirklich ein Haiku?

Bis vor ein paar Jahren habe ich noch mit großer Sicherheit Definitionen von mir gegeben, mich auf die großen japanischen Vier berufen: Bashô, Buson, Issa und Shiki und deren vermeintlich unumstößlichen Wertekanon. Das kann ich jetzt nicht mehr.

Robert Wittkamp, seit mehr als 20 Jahren in Japan lebend und forschend, hält das Haiku dem gegenüber für eine Erfindung aus jüngster Zeit:

*Ich möchte einmal behaupten, dass das Haiku keine 600 Jahre, sondern „nur"
ca. 120 bis 100 Jahre alt ist, vermutlich sogar noch jünger. Sicherlich kann man es
tief in die Geschichte zurückverfolgen, aber das, was wir heute unter Haiku verstehen, ist ein Produkt des 20. Jahrhunderts, in dem das Haiku einem Internationalisierungsprozess unterzogen wurde (…) Dieser Prozess begann Ende des 19. Jahrhunderts. (…)*

*Was wir heute in Deutschland oder Amerika als Haiku kennen, ist das Ergebnis eines zum Großteil wissenschaftlich getragenen Übersetzungsprozesses, der
wiederum mit unzähligen Selektionen verbunden ist. Zunächst musste einmal das
Haiku als Haiku geschaffen werden. Eine Tradition musste her (…) Übersetzt in
verschiedene Sprachen wurde das Haiku nun dort (in den verschiedenen Ländern,
Tr. V.) eigenständig weitergeführt, es entstanden Haiku in den jeweiligen Landessprachen.*

Mir leuchtet das ein. Obwohl ich ein wenig von japanischer Sprache und Kultur verstehe, reicht dieses Wissen längst nicht aus, dass ich mich mit der Literatur in Originalsprache befassen könnte. Ich kenne Haiku aus zweiter und dritter Hand, redigiert und selegiert. Das ist unbefriedigend, nicht nur für mich. Wer hat also die Regeln wirklich aufgestellt – und wer befolgt sie (nicht)?

Auf dem Gebiet der Lyrik gibt es insgesamt eine starke Tendenz zu formalen Systemen, deren natürliche Gegenbewegung hin zur freien Lyrik nichts anderes ist als die zweite Seite der Medaille. Wohl z. T. deshalb hat man sich gedrängt gefühlt, auch für das Haiku einen verbindlichen Kanon zu erstellen. Dazu bediente man sich aus der

Schatztruhe der japanischen Dichtung, deren Anweisungen entweder explizit übernommen oder aus den Werken herausgelesen wurden. Aber auch in Japan waren und sind eben Dichterinnen und Dichter am Werk; die lassen sich nicht vor einen Karren spannen, der brav auf den vorgefertigten Gleisen dahinzottelt.

Genau so geschah es auch im Westen. Kaum war eine Regel akzeptiert, wurde sie schon gebrochen – leider auch von Menschen, die sie nicht beherrschten oder gar nicht kannten, und so kam das Ganze in Verruf. Ein Gebot zu übertreten, ist das Vorrecht der kreativen Arbeit. Aber kennen sollte man es halt!

Ich will die Geschichte der Haiku-Regulatoren nicht nachzeichnen, vielmehr möchte ich versuchen, den Istzustand zu überblicken.

$5 - 7 - 5 = 17$

Alle, die beginnen, sich mit Haiku zu beschäftigen, starren zunächst einmal wie gebannt auf das 17-Silben-Schema, oder, noch ärger, das 5-7-5-Schema. Dieses hat natürlich hohen Wiedererkennungswert und birgt eben darum die Gefahr in sich, dass es für das Wesentliche oder sogar das einzig Wesentliche des Haiku gehalten wird. Mit der japanischen Sprachwirklichkeit hat das nichts zu tun, denn dort gibt es weder Silben noch Betonungen wie im Deutschen.

Die Übereinkunft des 5-7-5 ist der deutschen Sprache durchaus dienlich und hat zu einer unglaublichen Fülle beeindruckender Haiku geführt. Nicht, dass es nun plötzlich ein Fehler wäre, sich daran zu halten. Aber es gibt eine Möglichkeit, sich dem in Japan Gemeinten von einer anderen und sehr europäischen Seite anzunähern: indem man nicht Silben zählt, sondern Hebungen (betonte Silben). Damit hätten wir zwar längere Zeilen, blieben aber in bekanntem Gelände. Ein fünfhebiger Jambus z. B. ist der deutschen Dichtung so vertraut wie die eigene Hand, der Siebenfüßer sorgt dann für frischen Wind, bevor alles in einem weiteren Fünferjambus ausklingt. Das sähe etwa so aus:

Im Ausschnitt meines Fensters kahle Mauern –
die Esche, die da stand und tausend Jahre stehen wollte,
ist nun gefällt. Mich hat man nicht gefragt.

Sehr ungewohnt für uns und auch mir kaum möglich, das ein Haiku zu nennen. Die Idee stammt ja auch von einem Engländer, nämlich R. H. Blyth, und im Englischen sind die Wörter kürzer. Es ist nur ein Versuch und eine Anregung zu weiteren Versuchen, z. B. als 3-5-3-Heber:

Die Esche ist gefallen.
Ein dürrer Strunk, dahinter kahle Mauern,
im Sägemehl der Wind.

Das sieht schon sehr viel haikumäßiger aus. Sich sprachlich zu bescheiden, ist gerade in der heutigen Zeit, die gern alles in epischer Breite auswalzt, eine nicht hoch genug zu schätzende Tugend.

Es werden natürlich noch weitere Kriterien ins Treffen geführt:

Spannung und tieferer Sinn

Unter ernsthaften Haiku-Schreiberinnen und -schreibern besteht Konsens darüber, dass ein Haiku nicht einfach eine Szene beschreibt, sondern darüber hinausreichend einen tieferen Sinn haben muss. Aber den sollte ja wohl jedes Gedicht haben. Ein Gedicht ohne die gewisse innere Spannung liest sich mehr oder weniger wie ein Einkaufszettel.

Die darüber hinausweisende Kunst des Haiku besteht darin, diesen lebensphilosophischen Gegensatz in einer einfachen, ja simplen Szene aufzufinden und ihn erahnen zu lassen, statt ihn explizit auszusprechen. Daran gibt es wohl nichts zu deuteln.

Natur und Jahreszeitenwort

Die Naturbezogenheit, verbunden mit dem Jahreszeitenwort (kigo), wie sie immer wieder eingefordert wird, führt sehr häufig zu wundervollen Haiku, daneben aber auch zu völlig unrealistischen oder auch hölzernen Texten, d. h. zu Bildern, von denen die Autorinnen und Autoren glauben, dass sie sie so erlebt haben müssten. Manchmal fürchte ich, dass sich hier eine neue Form jener „Heimatliteratur" mit Blümchen und Bienchen breit macht, die wir seit den Siebzigerjahren endlich überwunden glaubten.

Nähme man das Dogma Naturereignis ernst, dürften nur mehr Menschen, die wenigstens ab und zu ins Grüne kommen, Haiku schreiben. Für viele (und immer mehr und vor allem junge) Leute ist ihr Lebensraum aber die Großstadt, und die haikuwürdigen Szenen begegnen ihnen inmitten von Technik und Zivilisation. Ich selbst schreibe viele Haiku, die dem Kreis der Jahreszeiten folgen. Das hat mit meinem relativ grünen Lebenswandel zu tun sowie mit der erhöhten Aufmerksamkeit, die ich, nunmehr auf Asphalt lebend, jedem Naturereignis widme. Aber ich beanspruche für mich, dass die Verkehrsampel, der Supermarkt und die Mietskaserne ebenso zu meinem Haiku-Bereich gehören. Auch in Japan ersetzt im *gendai*, dem modernen Haiku, der Bezug zur Lebenswelt im Allgemeinen den zur reinen Natur.

Ein Zweites ist, dass sich ohnedies alle Grenzen verwischen. Wir switchen, jetten und surfen zwischen sämtlichen Zeit- und Vegetationszonen herum und finden vice versa in unserer nächsten Umgebung die verschiedensten Kulturen vor, wenngleich wir leider meist nur deren kulinarische Ausprägung wirklich wahrnehmen. Was haben da Jahreszeitenwörter zu melden? Erdbeeren? Gibt es das ganze Jahr! Eiszapfen? Wir waren im Mai in Alaska! Schmetterlinge? In den burgenländischen Saatmaissteppen?

Symbole und Metaphern

Eine der empfindlichsten Haiku-Einschränkungen, die in Österreich ziemlich streng gehandhabt wird, ist das Bestehen auf dem puren Ereignis, ohne Metapher oder Sinnbild. Es ist nun einmal dem Dichten in deutscher Sprache eigen, symbolische Bedeutungen mitzudenken, wir können kaum anders. Da hat mich eine Besprechung von Stefan Wolfschütz hoch erfreut.

Regen rauscht
der leise Vorhang bestickt
mit Amselgesang
    Angelica Seithe

Wolfschütz meint zu diesem preisgekrönten Haiku: *Angelica Seithes Haiku rückt den Augenblick in ein wunderbares sinnliches auf mehreren Ebenen nachzuempfindendes Mosaik von Tönen und Stimmungen. (…) Ein Augenblick des Innehaltens, an just diesem Ort, weil es keinen anderen gibt, zu dem hinzugehen nun angeraten wäre. Und in diesem Moment öffnet die Autorin mir die Sinne. Da verwandelt sich das Rauschen in den leisen Vorhang und die Stimme der Amsel* erscheint so, als sei der Vorhang, der sich da zwischen Ohr und Auge in meiner Fantasie entfaltet, mit eben diesem Gesang bestickt. *Ein Haiku, das kunstvoll unterstreicht, wie schön man mit Worten malen kann.*

Was gibt es dem noch hinzuzufügen? Wenn Wolfschütz so empfinden darf, dann dürfen wir es auch. Dabei bin ich eine eher konkrete Denkerin und bemühe mich prinzipiell um möglichste Nacktheit meiner Haiku, aber wenn mir eine schöne Metapher einfallen sollte … In Zukunft werde ich mich nicht mehr abschrecken lassen!

Julya Rabinowich sagt: *Dort, wo durch enge Vorschriften das Spielerische der Kunst ausgetrieben wird, erstarrt diese in Beliebigkeit.*

Dem kann ich mich nur anschließen.

*

Und jetzt möchte ich das Gegenteil von allem bisher Gesagten behaupten. Ich glaube, heute ist das Haiku in Gefahr, zu einer beliebigen Form der Kurzlyrik zu verkommen: „Haiku ist alles, was kurz ist." Es gibt gereimte Haiku, satirische Haiku, solche mit Überschrift, solche mit vier nicht allzu kurzen Zeilen usw., aber vor allem wird, besonders im US-amerikanischen Raum, immer häufiger komprimierte Gefühlslyrik, sozusagen verbale Selfies, als Haiku bezeichnet. Eine solche Zuschreibung nimmt durch ungerechtfertigte Erweiterung des Bedeutungsumfangs dem Haiku das Einzigartige.

Natürlich möchte auch ich meine dichterische Freiheit nicht beschneiden lassen; ich schreibe gereimte Kurzgedichte, satirische Verse, solche mit Überschrift, mit vier oder noch mehr Zeilen, solche über meinen Seelenzustand … aber warum sollte ich sie Haiku nennen?

Und ich schreibe andrerseits in strengen 5-7-5-Strophen lange Gedichte, ich klebe wie bei einem weiland Erpresserbrief 5-7-5-Texte usw. Diese nenne ich tatsächlich Haiku, aber das ist eher spielerisch-ironisch gemeint. Es ist einfacher, damit auszudrücken, dass ich die Form bewahre und den Inhalt negiere, sozusagen eine Gebrauchsanweisung für Leserinnen und Leser.

All das gilt nicht nur für das Haiku und seine Verwandten. Ich verfasse ja auch unehrerbietige Sonette, schreibe Rubaiyat als Gstanzln. Ein Pantun kann (nicht nur bei mir) nationaler Kitsch sein, fröhliches Geplauder oder tragische Erinnerung. Es macht mir Spaß, relativ starre

Systeme mit relativ chaotischem Leben zu erfüllen. Das Halten an vorgegebene formale Regeln diszipliniert dabei mein Denken und erhöht die Konzentration auf meine Tätigkeit.

In einem Satz gesagt: Es ist angebracht, immer zu wissen, was man tut, und warum.

*

Mit der Verwendung ihrer Formalismen, sollte man meinen, wächst auch das Verständnis für eine andere Kultur oder Denkweise; ich habe das nicht beobachten können. Das entsteht eher im Lesen von Texten aus dieser Kultur (wenn auch übersetzt). Große Frage: Kann ich, wenn ich das Haiku als Ausdruck einer bestimmen Lebenshaltung auffasse, diese besser verstehen und / oder nachleben, sobald ich mich an seine Regeln halte? Und an welche? Gibt es solche, die dem Haiku nicht von Europäern übergestülpt worden sind? Und bewirkt eine japanische Form in meiner Sprache und Kultur dasselbe wie in der japanischen?

In vielen europäischen Staaten, auch bei der Deutschen Haiku-Gesellschaft, wird der Begriff Haiku viel weiter gefasst als in Österreich, wie ich meiner Lektüre aus der letzten Zeit entnehme. Ich sehe das einerseits mit leuchtenden Augen, andrerseits mit einem gewissen Grausen. Für mich habe ich bestimmte Verfahrensweisen ausgewählt, unabhängig von dem, was gerade Kanon ist; aber ich bin 80 Jahre und den nachfolgenden Generationen kann ich weder Vorschriften machen, noch will ich das. Hätten wir uns an die Vorgaben unserer Eltern gehalten, lebten wir bis heute im Mief der Fünfzigerjahre.

Aber ein bissl mahnen darf man ja wohl.

Literatur

Wenzel, Udo: Bashôs Anti-Frosch. Ausschnitte aus einem Gespräch mit Robert F. Wittkamp. www.haiku-heute.de
Wolfschütz, Stefan: Zum Haiku-Kalender 2015.
http://kalender.haiku.de/wuerdigung-der-preistraegerinnen/
Rabinowich, Julya: Die Freiheit der Kunst und was Paintball mit ihr zu tun hat. Der-Standard, 29. 8. 2014
Veran, Traude: Pottendorfer Linie. In: Lotosblüte 12/1, S. 12 und Klebesenryu, Lotosblüte 2013, S. 60
Pantun: www.pantun.de, besonders die Gedichte von Renate Golpon
Die übrigen genannten Werke sind unveröffentlichte Texte von Traude Veran.

Neue Mitglieder

Neue Mitglieder in der DHG
im zweiten Halbjahr 2014

Folgende neue Mitglieder heißen wir herzlich willkommen und freuen uns, sie mit zwei eigenen Haiku hier an dieser Stelle vorstellen zu können:

Peter Rudolf aus Dornbach / Schweiz

die blaue Blume –
unerwartet hier im Jät
dieses Spätsommers

so klar der Himmel –
doch dort: wie das Laubblatt weint
nach diesem Regen

Elisabeth Weber-Strobel aus Heidenheim / Baden-Württemberg

Schreibblockade
selbst in Delphi
nur Zikaden

Novemberhimmel
die Sonne Griechenlands
auf den Salat tröpfeln

Hildegard Pranckel aus Bielefeld / NRW

Der Schneeflockentanz
schwebt mit Erinnerungen
an allen Wegen

Die Winde treiben
die heimatlosen Tränen
ins Ungewisse

Klaus P. Buse aus Greven / NRW

grauschwarz drohend
hängen Sonnenschlucker
am Bergrücken

durch Regenbogen
fliegen irritierte Enten
suchen das Ende

Ingrid Töbermann aus Berlin

Mahonienblüten
leuchtend gelb wie der Schnabel
des Amselmännchens

Vornweg mit Schnauze
Pinscher mopst Kindern den Ball
Geschrei … Volltreffer!

Joachim Thiede aus Hamburg

Frühling!
Die Katze leckt sich
die Sonne aus dem Fell.

im Buchladen –
„Krieg und Politik"
selbe Abteilung

Haiga: Gabriele Hartmann

Berichte

Georges Hartmann

Die französische Ecke

Durch die nicht enden wollenden Debatten der letzten Wochen sensibilisiert, bin ich mir nicht mehr so wirklich sicher, ob die Meinungsfreiheit grenzenlos sein darf, diese nicht doch hart an bzw. schon leicht über der Grenze zum auf die Schippe genommenen Selbstwertgefühl steht oder der Freiheit, egal was sagen zu können, das Wort geredet werden muss. Es gibt die persönlich gefühlten Meinungen, die durch geschickte Argumentation ins Schwanken gebrachten, die aus dem eigenen Erleben gebildeten und die pauschalen, auf alle denkbar ähnlichen Sachverhalte angewandten Aussagen, die meistens zu Vorurteilen mutieren, aus denen im Ernstfall unbequeme bis hässliche Massenbewegungen entstehen können. Meinungen basteln aus vagen Empfindungen manchmal auch gefühlte Wahrheiten, bis die Marmelade endgültig am Kinn klebt und der Krieg der Meinungen in allen nur denkbaren Schattierungen ausbricht. „Beim Barte des Propheten", möchte ich da schon mal ausrufen, um mich auf der sicheren Seite zu bewegen, weil das im DUDEN (noch) als scherzhafte Redensart zu finden ist und im selben Atemzug so manchen Imam fragen dürfen, warum er selbst wie die Fleisch gewordene Karikatur des Propheten auf der Kanzel stehen darf. Und schon befinden wir uns mitten im Geschehen jener Zeitung, die sich selbst als „unverantwortlich" charakterisiert (Journal irresponsable) und in der Ausgabe vom 14. Januar einen trauernden Propheten mit einer Träne im Knopfloch sowie heruntergezogenen Mundwinkeln zeigt, wodurch er die Morde und womöglich auch die Karikaturen mit Betroffenheit bewertet, aber mit dem Satz „Alles ist vergeben" (Tout est pardonné) das Zugeständnis macht, ihn trotzdem zeichnen zu dürfen, gleichzeitig aber auch dazu ermahnt, die Moschee im Dorf zu lassen und nicht um der Sensation willen in zu stark provozierende Geschmacklosigkeiten zu verfallen. „Je suis Charlie" ist ein von den Aktivitäten des Verlags losgelöster Slogan geworden, der in gewisser Weise zum eigenständigen Markenzeichen der Solidarität gegen Gewalt, für Aufklärung, eine friedlichere Welt, aber auch zur Mahnung geworden ist, der Angst keine Zukunft zu geben.

Jetzt aber zu jenem Thema, das die französische Haiku-Gesellschaft für den aktuellen GONG zum wiederholten Mal für gut befunden hat: die Natur. Auf den ersten Blick erscheint das etwas langweilig und erinnert sofort an jene Zeiten, in der die Geschichten aus den diversen Blumenkästen dieser Welt nicht enden wollten, man sich beim Lesen mitten im erstbesten Gartencenter wähnte, derweil so mancher vielleicht sehnsüchtig von einem Baumarkt träumte, von denen ja ein Konzern völlig von sich überzeugt behauptet: „Wenn's gut werden soll." „Ich bin doch nicht blöd", könnten jetzt stur die anderen behaupten, womit wir auf dem Schlachtfeld des Haiku mittlerweile eine Szenerie erleben, wie sie spannender nicht sein könnte, und der Wettbewerb um den Tagessieg neugieriger macht als die Fußball-Bundesliga, in der die Bayern sowieso immer gewinnen. Und weil ich es bislang nicht glauben wollte, dass auch in der Natur um Meinungen gerungen wird, hat mich nachfolgender Text sofort über das Gegenteil belehrt:

ce soir encore	Auch diesen Abend
le vent discute	diskutiert der Wind
avec le grand chêne	mit der großgewachsenen Eiche
Christian Cosberg	

Manche behaupten ja, dass die Gegensätze das Geschäft beleben, dass Provokation schon mal einen Gag wert ist, was wohl auch einen bekannten Polit-Star dazu bewogen haben mag, sich einen Kübel Wasser über den Kopf zu schütten, was jedoch fast schon nebensächlich war, weil im Hintergrund eine Hanfpflanze zu sehen war, die sich wohl gerade selbst einen Joint drehte. So blüht im Feld der Halluzinogene nicht nur blutroter Mohn, sondern ganz offensichtlich auch so manch anderes Kraut, das es gehörig in sich hat, wie das nächste Haiku unter Beweis stellt.

journée anti-drogue	Antidrogen-Tag
mon chaton en overdose	mein Kätzchen mit einer Überdosis
de son herbe à chat	Katzenminze
Minh-Triêt Pham	

Vom Konsum bis zum Entzug ist es oft ein langer Weg, der manchmal zunächst auch dort endet, wo niemand so wirklich hin möchte: im Krankenhaus. Obwohl dort dem Hören-Sagen nach auch oft und viel gelacht werden soll, sodass bei manchem Patienten die frisch genähte Naht sofort wieder aufplatzt. Obwohl wir an diesem Beispiel feststellen müssen, dass Humor auch manchmal einem Schuss gleichen kann, der nach hinten losgeht, womit ich jetzt aber nicht noch einmal die Karikaturisten bemühen möchte. Und schon hängen Angsthasen wie ich im Dilemma eines Vorgangs, bei dem zumindest für mich der Spaß aufhört, weil, was für die einen lediglich einen Piekser darstellt, für mich jedoch einem Weltuntergang gleichkommt.

dehors de bourrasques	Windböen draußen
sous la seringue	unter der Spritze
une veine roule	rollt die Vene weg
Danièle Duteil	

Andere hingegen würden sich gern mal auf den Brettern dieser Welt sehen, vom Publikum beklatscht werden und möchten keinen Gedanken daran verschwenden, dass es auch mal nur spärliche gefüllte Säle gibt oder das Publikum noch vor dem Applaus eingeschlafen ist. Sich selbst im Rampenlicht zu wähnen, kann schon mal dazu führen, den Betreffenden zum Gegenstand des Spotts werden zu lassen.

Au milieu du lac	Mitten im See
Le jeune grèbe huppé	Der junge Haubentaucher
Se prend pour un punk	hält sich für einen Punker
Patrick Gillet	

Alle Anschauungen und Meinungen stehen immer und überall zur Disposition, enden nicht selten in jenen Sätzen, die ganz unvermittelt mit einem „ja, aber …" fortgeführt werden und weitere Möglichkeiten aufzeigen, bis man am Schluss der Debatte vom Hölzchen aufs Stöckchen gekommen ist, nicht mehr ein noch aus weiß, die Schallplatte an irgendeiner Stelle immer wieder in die selbe Rille rutscht und damit dringend ein Reset benötigt, um wenigstens bis zur nächsten Weiche und den dort vermutlich völlig neu lauernden Überlegungen wieder auf dem eigenen, ganz privaten Gleis anzukommen.

vacances d'été	Sommerferien
retrouver ses racines	die eigenen Wurzeln wiederfinden
pieds nus dans l'herbe	barfuß im Gras

    Gérard Dumon

Durchwachte Nacht …
Der Frühjahrssturm zerrt
am Unerforschlichen.

Haiga: Ramona Linke

Claudia Brefeld

Den Staub des alten Jahres zurücklassen
Haiku aus Japan (aus HI Nr. 106, 112, 113 – Zeitschrift der Haiku International Association)

In Japan (wie auch in China, Vietnam, Korea) feierte man seit Jahrhunderten bis hin zum Jahr 1873 Silvester/Neujahr erst zu Beginn des Frühlings. Dies ergab sich aus dem lunisolaren Kalender (eine Mischung aus Mond- und Sonnenkalender – er enthält zwölf Mond-Monate – zum Ausgleich an das Sonnenjahr wird durchschnittlich nach knapp drei Jahren ein Mond-Monat eingeschaltet). Im Zuge der Meiji-Restauration wurde dann in Japan am 1. Januar 1873 der Gregorianische Kalender eingeführt.

Das japanische Neujahrsfest ist das wichtigste Fest des Jahres und wird in der Regel sehr traditionell mehrere Tage lang gefeiert. So beginnt man schon Tage vor Jahresende zu Hause mit gründlichen Putzaktionen, denn es gilt, den alten Staub des Jahres fortzuwischen und dadurch indirekt die bösen Geister zu vertreiben. Das Haus wird mit Gestecken aus Pinienzweigen und Bambus und Dekorationen aus Reisstroh geschmückt, um so die Götter und die Seelen der Vorfahren zu begrüßen und sich bei ihnen für Schutz bei der Ernte und Familienbeistand zu bedanken. Viele Japaner machen Pläne, damit die alten Bürden zurückgelassen und die guten Vorsätze im neuen Jahr umgesetzt werden. Der Abschied des alten Jahres (*bonenkai*) wird zusammen mit Freunden und viel Alkohol kurz vor Silvester sehr ausgelassen gefeiert. Der letzte Tag des Jahres wiederum wird eher ruhig im Kreise der Familie begangen. Man serviert Soba-Nudeln (dünne gekochte Nudeln aus Buchweizen) verbunden mit der Hoffnung auf ein sorgenfreies, neues Jahr und wünscht sich dabei ein langes Leben.

Diese Nudeln sollten aber vor 24.00 Uhr aufgegessen sein, es darf keine einzige Nudel übrig bleiben, damit die glücksbringende Wirkung nicht ins Gegenteil umgekehrt wird.

Ein wichtiger Bestandteil des Silvesterabends ist der Gang zum Tempel (*oharai*).

Mit genau 108 Schlägen tönen die Glocken in den buddhistischen Tempeln – ihr lang anhaltender Klang schwingt bis in das kommende Jahr hinein. Durch diese Schläge sollen die 108 Leidenschaften, welche man im Laufe des alten Jahres angesammelt hat, vertrieben werden, denn zum Jahreswechsel (*omisoka*) möchte man unbelastet dem neuen Jahr entgegensehen können.

Typische traditionelle Neujahrsgerichte (*osechi*) sind z. B. die Miso-Suppe mit Reiskuchen (*mochi*), Scheiben aus zubereiteter Fischpaste (*kamaboko*), schwarze Sojabohnen (*kuro-mame*), die japanische Bitter-orange (*daidai*) und vieles mehr. Viele dieser Gerichte symbolisieren Wünsche, wie Glück, und werden mit bestimmten Vorstellungen und Erwartungen des neuen Jahres assoziiert. Dabei stellt der Spiegel-Reiskuchen (*kagami-mochi*) eine besondere traditionelle Dekoration dar. Er besteht aus zwei Mochi und einer Daidai, welche kunstvoll arrangiert und mit Blättern und Papierstreifen verziert werden. Die beiden Mochi symbolisieren das Kommen und Gehen der Jahre, während die Daidai für die Generationen steht.

Hat man den Ausklang des Jahres mit einem Tempel-Besuch verbunden, gilt dies auch für den ersten Tag des neuen Jahres (*hatsumode*). In festlicher, teilweise traditioneller Kleidung besucht man mit der Familie einen Tempel (oder Schrein). Bei den Schreinen wird in der Regel jener aufgesucht, der in einer glücksverheißenden Richtung zum Haus der Besucher liegt.

Zum Jahreswechsel ist die japanische Post besonders gefordert – jeder möchte seinen Freunden und Verwandten Postkarten mit Neu-jahrswünschen (*nengajo*) schicken, auf denen das Symboltier des neuen Jahres zu sehen ist.

Akemashite omedeto gozaimasu – Frohes Neues Jahr!

Außerdem bekommen die Kinder von ihren Eltern und Verwandten Geldgeschenke (*otoshidama*), hübsch verpackt in edle Umschläge.

Und natürlich hat der erste Traum des Jahres (*hatsu-yume*) eine besondere Bedeutung und sagt das eigene Schicksal für das kommende Jahr voraus. Der Überlieferung nach sollen darin der Fuji-Berg, Falken und Auberginen vorkommen. Schon während der Feudalzeit ließen sich die Leute einiges einfallen, um sicherzugehen, dass sie einen glücklichen

Traum träumten. So legte man das Bild eines Schatzschiffes unter sein Kopfkissen und hoffte auf Glück und Reichtum für das begonnene Jahr.

with all my heart	mit ganzem Herzen
writing New Year's cards	schreibe ich Neujahrskarten
the China ink's fragrance	der Duft der Chinatinte

    Ishiwata Hisako

writing New Year cards	ich schreibe Neujahrskarten
so many addresses	so viele Adressen
with dai und oka	mit dai und oka

    Tsukazuki Bonta

auf der Straße geht
ein nachdenkliches Gesicht
am Jahresende

    Yamato Akiko

glasses on	die Brille auf
I am looking for them	suche ich sie
the end of the year	Jahresende

    Kiryu Ken

choosing a way of life	ich wähle eine Lebensweise
that ought to succeed	die gelingen dürfte
in the New Year	im Neuen Jahr

    Kawamoto Kyo

in the best clothes I have	in den besten Kleidern die ich habe
spending New Year Eve	verbringe ich Silvesterabend
in temporary house	Behelfsunterkunft

    Otsuka Koki

happiness	Zufriedenheit
no matter how small	ganz gleich wie klein
my first New Year's fortune	mein erstes Neujahrsglück ist

    Ojimi Soko

trying out my smile	ich probiere ein Lächeln aus
in the mirror	im Spiegel
first look of the New Year	der erste Blick im Neuen Jahr

    Sekijima Takako

living alone –	alleinstehend –
the only sounds from me	die einzigen Geräusche von mir
the New Year	das Neue Jahr

    Kubota Etsuko

an empty space –	freier Platz –
just me on the veranda	nur ich auf der Veranda
a New Year's sparrow	und ein Neujahrsspatz

    Horikoshi Yoshiko

thin clouds	dünne Wolken
scattering in every direction	treiben in alle Richtungen
the first rising sun	der erste Sonnenaufgang

    Miyata Shoko

the soft breeze	der leichte Hauch
of the New Year	des Neuen Jahres
touches my face	berührt mein Gesicht

    Osaka Seifu

Mt. Fuji as if stretching	Fuji – als ob er sich streckt
to the cloudless	zum wolkenlosen
New Year sky	Neujahrshimmel

    Akiyama Maria

my first visit to the shrine	mein erster Schreinbesuch
enjoying the sound	ich genieße den Klang
of the gravel	der Kieselsteine

    Kawasaki Renko

a child on my shoulders	das Kind auf meinen Schultern
counting those before me	zählt jene vor mir
first visit to the shrine	erster Schreinbesuch

    Hirukawa Akiyo

on the roof of the temple	auf dem Tempeldach
talking about something	reden sie über etwas
the first crows of the year	die ersten Krähen des Jahres

    Sawano Fujiko

young tour guide	ein junger Reiseführer
absorbed in palmistry	vertieft im Handlesen
New Year's temple	Neujahrstempel

    Yamada Yukiko

pure blue	pures Blau
in my first dream of the New Year	in meinem ersten Traum im neuen Jahr
Mt. Fuji	Fuji

    Fujishima Sakiko

the Rigel	der Rigel
shining brightly	glänzt so hell
January 2nd	2. Januar

    Kiuchi Choko

enjoying alone –	ich genieße allein –
the aroma of black tea	das Aroma des schwarzen Tees
after New Year days	nach den Neujahrstagen

    Ono Kakuko

no one noticing	niemand bemerkt
on the third day of the New Year	am dritten Neujahrstag
the new moon in the sky	den neuen Mond am Himmel

    Fukuda Hisashi

Ins Englische übersetzt von Richard und Kinuko Jambor
Übersetzung ins Deutsche: Claudia Brefeld

Quellen:

http://www.de.emb-japan.go.jp/NaJ/NaJ1001/neujahr.html
http://www.brauchwiki.de/Neujahrsfest_in_Japan
http://www.embjapan.de/artikel/neujahrsfest-japan
http://blog.japanwelt.de/japanisches-neujahr-der-oshogatsu-survival-guide/
http://de.wikipedia.org/wiki/Kagami-Mochi

Silvia Kempen

Ein Portrait – Klaus-Dieter Wirth

Im Buch „Zugvögel" (150 Haiku von Klaus-Dieter Wirth, Hamburger Haiku Verlag, 2010) schreibt Klaus-Dieter Wirth im Vorwort auf Seite 11 und 12:

„Gerade diese Beschäftigung mit dem Haiku auf internationaler Ebene hat mich mit einer Vielfalt seiner Ausdrucksformen bekannt gemacht, was mir sicherlich viel geholfen hat, nicht Opfer einer einseitigen Sichtweise zu werden. Ein persönliches Privileg, für das ich sehr dankbar bin! Im Übrigen ist das Haiku mehr als eine Gedichtform, es ist ein Lebensstil!"

Persönliche Daten

Klaus-Dieter Wirth wurde 1940 in Neuss am Rhein geboren. Bis zu seiner Pensionierung war er als Neuphilologe (Englisch, Französisch, Spanisch) mit Lehrtätigkeit am Gymnasium und an der Universität Düsseldorf im Bereich der Literaturübersetzung tätig.

Heute lebt er in Viersen, knapp 30 Kilometer von seinem Geburtsort entfernt, sowie teilweise auch in Burg, einem Weindorf an der Mosel.

Seine Vorliebe für neuere Sprachen und Literatur, insbesondere Lyrik, entwickelte sich schon früh.

Berührung mit Haiku

Klaus-Dieter Wirth hatte den ersten Kontakt mit Haiku 1967. Er schrieb dazu:

„Das geschah mehr oder weniger zufällig gegen Ende meiner Studienzeit an der Universität Köln, als ich auf das Büchlein Donald Keene, Japanische Literatur – Eine Einführung für westliche Leser, Zürich 1962 (das Original erschien bereits 1953 in London) stieß."

Haiku-Werdegang

Zunächst schrieb Klaus-Dieter Wirth nur unregelmäßig und wenige Haiku, studierte aber intensiv die klassischen Meister des japanischen Haiku. Erst ca. zwanzig Jahre später wurde seine eigene Schreibpraxis intensiver. Seit seiner Pensionierung beschäftigt er sich intensiv mit der Förderung des Haiku auf internationaler Ebene.

Es gibt zahlreiche Veröffentlichungen, nicht nur seiner Haiku bzw. Senryû, sondern ebenso seiner Essays und sachbezogenen Beiträge zu diversen Themen rund um das Haiku in verschiedenen nationalen und internationalen Anthologien und Zeitschriften sowie auch in Internetportalen und -magazinen; zum Beispiel in der Zeitschrift *Gong* der französischen Haiku-Gesellschaft AFH (Association francophone de haïku), in der niederländisch-flämischen Haiku-Zeitschrift *Vuursteen* (Feuerstein), in der spanischen Haiku-Zeitschrift *H.E.L.A.* (Hojas en la acera/Blätter auf dem Bürgersteig), im *Blithe Spirit* (glückseliger Geist) der britischen Haiku-Gesellschaft BHS (British Haiku Society), im *frogpond* (Froschteich) der HSA (Haiku Society of America), (im *SOMMERGRAS* der DHG (Deutsche Haiku-Gesellschaft) usw.

Er war Preisträger in diversen Haiku-Wettbewerben, z. B. dreimal im *Museum of Haiku Literature Award*, zweimal mit dem zweiten und einmal mit dem dritten Preis im *International Kusamakura Haiku Competition,* zuletzt im *Nagoya City Board of Education Award.*

Er ist aktives Mitglied in den Haiku-Gesellschaften von Deutschland, Großbritannien, Frankreich, Niederlande/Belgien, USA und Kanada und hat Kontakte zu weiteren Haiku-Kreisen in Japan, Spanien, Italien, auf dem Balkan, in Griechenland, Rumänien, Polen und Skandinavien. Er ist Mitherausgeber der deutsch-englischen Internet-Zeitschrift *Chrysanthemum* (Chrysantheme) und der niederländisch-englischen Zeitschrift *Whirligig* (Taumelkäfer), sowie im Redaktionsstab der französischen Zeitschrift *Gong.*

Auf die Frage zu seiner Vorstandsarbeit antwortet er folgendermaßen:

„Ich bin zwar nie unmittelbar im Vorstand der britischen Haiku-Gesellschaft BHS (gegründet 1990) gewesen, habe aber gleich seit meinem Eintritt dort im Jahre 1996 und fortan immer aktiv an ihrer Entwicklung mitgewirkt, so z. B. an den

langen Grundliniendebatten bzw. -entwürfen unter dem Leitgedanken „The Nature of English Haiku – Steps Towards a Concensus" [...]

Bei den Franzosen bin ich schon kurz nach der Gründung der AFH 2003 in den Vorstand (Comité d'administration) berufen worden, dem ich dann bis 2011 angehörte, weit länger als alle anderen Mitglieder im damaligen Zeitraum. [...]

Im Vorstand der deutschen Haiku-Gesellschaft DHG bin ich seit 2009 [...]."

In seine Vorstandsarbeit für die DHG fließen seine langjährige Erfahrung in oben genannten Bereichen ein, wie auch seine internationalen Kontakte und natürlich auch sein Sprachwissen. So können sich die Mitglieder der DHG schon auf die DHG-Anthologie 2015 freuen, in der der Rumäne Ion Codrescu von Mitgliedern eingesendete Haiku zu Haiga „verarbeitet". Wer an der DHG-Jubiläumsveranstaltung 2013 in Ochtrup teilgenommen hat, kennt solcherlei Haiga schon und weiß sie zu schätzen. Dieser Kontakt wurde von Klaus-Dieter Wirth nicht nur hergestellt, sondern auch betreut. Außerdem übernimmt er die Übersetzungen der in Deutsch verfassten Haiku.

Zuletzt erschienen als eigenständige Bücher in vier Sprachen:

– *Zugvögel / Migratory Birds / Oiseaux migrateurs / Aves migratorias*, Hamburg 2010
– *Im Sog der Stille / In the Wake of Silence / Dans le sillage du silence / En la estela del silencio*, Hamburg 2013 und als Übersetzung des französischen Originals
– *En pleine figure – Haïkus de la guerre 14–18, Anthologie établie par Dominique Chipot, Éd. Bruno Doucey, Paris 2013*
– *Mitten ins Gesicht – Haiku aus dem Krieg 1914–1918*, dt. Hrsg. Stefan Wolfschütz, Hamburg 2014.

Haiku-Verständnis

Dazu schrieb Klaus-Dieter Wirth: *„Man sollte sich auf jeden Fall erst einmal gründlich mit dem klassischen japanischen Haiku befassen, um genügend Gefühl für seine rhythmischen Erfordernisse (Prägnanz, Ausgewogenheit, Offenheit, Asymmetrie) und Sinn für die Besonderheit seiner inhaltlichen Aussage (Schlichtheit, Wahrhaftigkeit, Ehrfurcht, kindliches Staunen, keinerlei persönliche Profiliersucht) zu* bekommen. Erst wenn hier eine solide Grundlage mit viel Geduld und Einsatz geschaffen worden ist, erlaubt sich der Zugang zu einer freieren Form quasi von selbst. Die Legitimation ergibt sich auch von den Grundgegebenheiten der eigenen Sprache her. Nichts ist dem Haiku abträglicher als ein erkennbares Zwangskorsett im 5-7-5-Silbenschema mit ausgelassenen Artikeln, unnatürlicher Wortstellung, zurechtgebogener Grammatik usw.! Wichtig ist allerdings außerdem eine poetische Sprache, die jedoch ihrerseits auf keinen Fall aufgesetzt und gestelzt daherkommen darf, sondern durch ihre Bildlichkeit, Klanglichkeit, Schablonenferne im Ausdruck überzeugt.“

Dem möchte ich noch einen Auszug aus dem Vorwort von „Zugvögel“ (Angabe s. o.) hinzufügen. Dort steht unter anderem auf den Seiten 9 und 10:

„Was das 5-7-5-Silbenschema im besonderen anbetrifft, so habe auch ich mich natürlich anfänglich weitestgehend daran gehalten und die allzu schnelle Abkehr davon eher als mangelnde Disziplin oder gar Unvermögen angesehen. Und so gilt für mich heute noch: Man sollte auf jeden Fall zunächst dieses Ursprungsthema so tief verinnerlichen, daß es gleichsam automatisch, einmal im Unterbewußtsein verankert, stets unterschwellig mit die Weichen für die nachfolgende Gesamtkomposition stellt. Damit wird sich dieses Modell weiterhin gewissermaßen ungezwungen auf die notwendige essentielle Ausgewogenheit von Rhythmus, Klang, von strukturellen und inhaltlichen Akzenten auswirken. Leben doch die äußere Dreiteilung wie auch die innere Zweiteilung ganz aus demselben Geist! Nur eine fundierte Poetisierung wird dem Haiku die leider immer noch umstrittene Daseinsberechtigung als anerkannt eigenständige Literaturgattung in der Zukunft sichern!“

Haiku-Beispiele:

*Obstgarten
zwei angelehnte Leitern
Hochsommerzeit**

*der alte Clown
zieht sein Lächeln nach
ein letztes Mal*

*Pendeltür
zur Intensivstation –
zwischen zwei Welten*

*Duftschnüre
Hummeln hangeln von
Blüte zu Blüte*

aus gleißendem Licht
ein Möwenschrei
die Weite des Watts

Nach dem Feuerwerk
das Tropfen des Wasserhahns
aus dem alten Jahr

*In englischer Sprache bekam dieses Haiku den dritten Preis im 12. Kusamakura Haiku-Wettbewerb 2007

Ralf Bröker

Morgens im Zwielicht

Ein Jahr wöchentliche Prompt-Themen in der Facebook-Gruppe haiku-like

Das erste Haiku-NRW-Treffen in Ochtrup fand vor fast vier Jahren statt – und war zugleich der Startschuss für ein besonderes Experiment: Könnte im deutschsprachigen Raum eine Haiku-Facebook-Gruppe aktiv werden – und damit etwas gelingen, was die Amerikaner seit Jahren mit immer mehr Drive praktizierten und auch für den Rest der Welt schon längst gang und gäbe war? Dietmar Tauchner und der Autor dieses Textes gingen das Wagnis an. Und blieben nicht lange allein.

Heute hat die Facebook-Gruppe „haiku-like" über 150 Mitglieder. Sie wächst langsam, doch kontinuierlich. Etwa 30 Autoren beteiligen sich aktiv am Gruppenleben. Sie sind sich dabei einer gewissen Privatsphäre sicher: Die Gruppe hatte vor mehr als einem Jahr beschlossen, nach außen geschlossen zu agieren. Nur Gruppenmitglieder sehen also die eingestellten Beiträge und können mitdiskutieren. Wer in die Gruppe eintreten will, muss dies bei den Administratoren (unter anderem Simone K. Busch) beantragen.

Im November 2013 begann die regelmäßige Themenarbeit. Nach kurzer Zeit votierte die Gruppe für ein Wochenthema. Jeweils dienstags wird es festgelegt; jedes Gruppenmitglied kann Vorschläge machen. Pro Woche werden seitdem von den haiku-like-Mitgliedern der Gruppe rund zehn bis 15 Texte gepostet – meist Haiku, aber auch Tanka, Haiga und Haibun. Birgit Heid hat sich jetzt die Mühe gemacht, die Texte mit den meisten „Gefällt mir"-Stimmen sowie alle Haiku mit mehr als acht

Likes aufzulisten. Auf die zu den einzelnen Texten gehörenden Prompt-Themen hat sie der Übersichtlichkeit wegen verzichtet. Hier eine Auswahl:

Herbstnebel –
das Laub mit jedem Tag
schweigsamer

Valeria Barouch

Gärten hängen
zwischen den Zeilen
verwildert

Gerd Börner

blutende pappeln
der widerhall
bei jedem schritt

Gabriele Brunsch

fernwanderweg
in den weiten meiner tasche
ein letztes bonbon

Birgit Heid

morgens im Zwielicht
sammeln sich heimlich
meine dämonen

Petra Klingl

aus deinem Mund
der fremde Klang
meines Namens

Eva Limbach

Löwennummer –
in der Savanne geht jetzt
die Sonne unter

Eléonore Nickolay

Ende der Lesung
die lange Stille
vor dem Applaus

Christa Beau

Feierabend
sie fährt zum Kellnern
ins Wahllokal

Ralf Bröker

da sind sie wieder
am Yasukuni Schrein
die Kirschblüten

Simone K. Busch

Kaspertheater –
die verschiedenen Stimmen
aus Vaters Mund

Silvia Kempen

Halbschatten –
die Katze leckt sich die Sonne
von den Pfoten

Isabella Kramer

Screening-Termin …
das kleinkarierte Muster
der Auslegware

Ramona Linke

frösteln
die fähre setzt über
ins nichts

Sonja Raab

Posaunenklänge
Vom Himmel hoch
Der frische Schnee

    Heinz Schneemann

Tagnachtgleiche
die Stadt im Zwielicht
der Zeit

    Dietmar Tauchner

regen tropft sanft
in den becher des bettlers

    Viktoria Zellner

17 Autorinnen und Autoren haben von November 2013 bis Dezember vergangenen Jahres 117 als gelungen bewertete Haiku geschrieben. Birgit Heid, Ramona Linke, Gabriele Brunsch und Simone K. Busch schrieben die beliebtesten Werke.

Claudius Gottstein

Haiku-Wettbewerb Monet, Gauguin, van Gogh … Inspiration Japan

Im Museum Folkwang in Essen fand vom 27.09.2014 – 18.01.2015 (verlängert bis 01.02.2015) die Sonderausstellung „Monet, Gauguin, van Gogh … Inspiration Japan" statt. Die Ausstellung zeigte französische Kunst, vor allem aus dem Zeitraum 1860 bis 1910, der Anfangs- und Hochzeit des sogenannten Japonisme. Gemälden und Druckgrafiken in Frankreich tätiger Künstler wurden japanische Holzschnitte gegenübergestellt. Darüber hinaus konnten japanische Kunstgegenstände, wie Gefäße und Masken, mit solchen französischer Künstler verglichen werden. Im umfangreichen Beiprogramm führte das Museum Folkwang in Kooperation mit der DHG einen Haiku-Wettbewerb durch. Thema des Wettbewerbs war das Verfassen eines Haiku auf Basis eines Ausstellungsobjektes. Teilnahmebögen gab es nur im Museum, sodass der Besuch der Ausstellung Bedingung für die Teilnahme am Wettbewerb war.

Bis zum 05.01.2015 reichten fast 80 Besucher (sowie eine Schulklasse) ein Haiku ein. Am darauffolgenden Wochenende wurden diese von der Jury aus Mitgliedern des Museum Folkwang (Annika Schank) und der DHG (Claudia Brefeld, Gabriele und Georges Hartmann sowie Klaus-Dieter Wirth) ausgewertet. Insgesamt konnten 20 Haiku mit einem Preis gewürdigt werden. Die Sachpreise reichten von Haiku-Kalendern und Haiku-Lesezeichen aus dem Hamburger Haiku Verlag für die Plätze 4 bis 20 bis hin zu Ausstellungskatalogen, Sammlungsführern und sogar einer Jahresmitgliedschaft im Kunstring Folkwang e. V. für die drei Hauptpreisträger.

Höhepunkt war dann die Preisverleihung am 17.01.2015 um 16 Uhr im Gartensaal des Museums. Unter den etwa 40 Anwesenden befanden sich 12 Preisträger sowie Claudia Brefeld als Vertreterin der DHG. In drei Abschnitten (Hauptpreise, Plätze 4 bis 10 und Plätze 11 bis 20) wurden die Preise von Peter Daners (Kurator für Bildung und Vermittlung des Museums Folkwang) verliehen. Nach der Überreichung las Schauspielerin Katharina Rehn die prämierten Haiku jeweils zweimal vor. Dabei wurde ein Bild des inspirierenden Objekts der Ausstellung an die Wand projiziert. Die Kombination der klaren und ruhigen Stimme von Katharina Rehn mit Haiku und Kunstobjekt gaben der Veranstaltung eine ausgewöhnlich festlich-nachdenkliche Stimmung.

Die ersten Plätze sind im Folgenden aufgelistet. Bemerkenswert war der Erfolg der kreativen Schreib-AG eines Essener Gymnasiums, deren Mitglieder neben dem 4. Platz auch noch drei weitere Preise erhielten.

1.Preis

Der Ton
im Rascheln der Zweige
gibt der Stille ihren Klang!

Gerlinde Meier, Tönisvorst

Kunstwerk: Stellschirm von Hara Zamei, Blühender Kirschbaum, Zweige auf Goldgrund

2. Preis

Der Puppenspieler
trennt die Fäden
Unsicher.

Alexander Pichowski, Essen

Kunstwerk: Utagawa Hiroshige, Der Pflaumengarten von Kameido

3. Preis

Ewiger Sommer
Über den Seerosen
Nebel

Claudius Gottstein, Hilter

Kunstwerk: Claude Monet, Seerosenbilder

4. Preis

Befremdlich böse
Der dumpfe Blick der Maske
Und zugleich vertraut

Saira Ahmad, Essen

Kunstwerk: No – Masken

5. Preis

Die Heerschar der Kraniche
Zeichnet im Himmel
Die Form eines Bumerangs

Yuko Igarashi, Velbert

Kunstwerk: Utagawa Hiroshige, Ahornbäume

Volker Friebel

An der Kastalischen Quelle[*]

Kastalische Schlucht –
ins Rauschen der Autos verwoben
die Musen.

Zwischen Felswänden
ein Stück gebrochener Himmel.
Wasser gluckst.

Das alte Becken des Kastalischen Quells, wo die Pythia badete, wo die Pilger sich wuschen, liegt direkt an der Straße von Delphi nach Athen. Es liegt trocken. Blauregen hängt die Steine hinab. Aller Marmor ist fort.

Der Name des Quells stammt von der Nymphe Kastalia, die sich auf der Flucht vor Apollon in das Wasser gestürzt hat. Ein Trank aus ihm soll die Dichtergabe verleihen. Die Schlucht sperrt Maschendraht. Das Wasser wird aus ihrer Tiefe am Becken vorbeigeführt.

Wir tauchen am Steinsturz unsere Hände in das Strömen. Wir trinken und waschen Mund und Gesicht. Das Wasser ist kühl.

Hände netzen
und Lippen – am Himmelsrand
das Wasser Kastalias.

An einem neuen Brunnen, zwanzig Meter vom antiken Becken entfernt, sitzt ein junger Grieche, der Wächter des Quells. Er lacht in sich hinein, er lacht und lacht, während Autos halten und Menschen Kanister mit Wasser abfüllen.

Kastalischer Brunnen.
Eine Libelle sucht
den trockenen Grund ab.

Wir gehen auf Pfaden am Abhang von Delphi. Wir singen – und lauschen dem Klang unserer Schritte und dem Leben der Landschaft um uns.

Haine von Delphi.
Unter den Tritten der Wanderer
Schweigen.

Im Olivenhain eine Baracke,
aufgegeben
an den Wind.

Im Sturz erstarrte Felsen.
Die Stromleitung
zieht hoch zum Dorf.

Wilder Hafer im Wind.
Der Vogel kennt
einen einzigen Ton.

Margeritenhänge
bei Delphi. Aus dem Wind
fallen Tropfen.

Am nächsten Morgen will ich die Schlucht noch einmal besuchen. In
der Nacht fiel Regen. Schwere Wolken ziehen. Alleine gehe ich durch
das schlafende Dorf. Die Autos am Straßenrand sind Schatten im
Schatten. Der Wind ist kühl, er weht von der Schlucht her.

Delphischer Morgen.
Ein Hahn kräht in die Gewebe
des Vogelsangs.

Gebete der Vögel
erheben das Morgendämmern –
delphischer Raum.

Schwebende Blüten –
im Heiligtum erwachen
die Steine.

Vogelpfiffe.
Im delphischen Morgen lauscht
der Stein.

Vogelgesänge,
getragen vom anhebenden
Licht.

Hinter dem Zaun, ein Stück in die Schlucht hinein, liegt ein weiteres, jüngeres Becken, direkt an der Felswand. Auch dieses Becken liegt trocken. Ich erinnere ein Foto aus dem Anfang des 20. Jahrhunderts, das Hugo von Hofmannsthal zeigt, wie er dort trank. Löcher in der Wand lassen die frühere Marmorverkleidung vermuten. Das Wasser fließt an allem vorbei aus der Tiefe der Schlucht, erscheint zwischen Stein und Gestrüpp.

Vögel pfeifen. Die Morgendämmerung hebt langsam den Zauber und lässt ihn dabei noch größer werden.

Sind das dort Königskerzen, am unbehauenen Fels?

Am Ende der Schlucht wächst eine Platane. Ein Pfad führt weiter, endet irgendwo in der Höhe des Himmels.

Ich, darunter geblieben, beuge mich nieder, trinke im Vogelgesang.

Vor mir ein Schatten.

Eine ausführlichere Fassung des Textes mit einer Schilderung der Wanderung zur Quelle finden Sie auf www.haiku-heute.de/Archiv/archiv.html.

Lesertexte

Ausgezeichnete Werke

Zusammengestellt von Claudius Gottstein

The 18th Mainichi Haiku Contest 2014

Der traditionelle The Mainichi Newspapers Haiku-Wettbewerb wurde 2014 zum 18. Mal durchgeführt. Wie in den Vorjahren gab es drei Kategorien (General, Children's und International Section). Die Richter der Kinder und internationalen Kategorie waren Toru Haga und Isamu Hashimoto. Sie kürten in der internationalen Kategorie, für die Haiku in englischer und französischer Sprache zugelassen waren, einen ersten Preis, elf zweite Preise und 45 ehrende Erwähnungen (Honorable Mention). Der erste Preis ging an Abigail Friedman (USA), und einen zweiten Preis bekam Dietmar Tauchner.

snow upon snow
the layers of oblivion
in my father's mind
> Dietmar Tauchner

The 19th Kusamakura Haiku Competition 2014

Schon eine Durchführung mehr hat der Kusamakura Haiku-Wettbewerb erfahren. In nur einer Kategorie wurde der Kusamakura Taishou (großer Preis), der Chikasuitoshi Kumamota Shou (Kumamoto ‚City of Artesian Waters' Haiku Award), achtmal der Tokusen (zweiter Preis) und zwanzigmal der Nyusen (dritter Preis) vergeben. Izeta Radetinac und Yukiko Yamada bekamen die beiden Hauptpreise zugesprochen. Unsere Mitglieder Martina Heinisch und Ralf Bröker wurden mit einem dritten Preis ausgezeichnet.

big bang the rush before the doors slam shut
> Martina Heinisch

under the ivy
wrappend in the soul
of a new word
    Ralf Bröker

The 16th Lecture Meeting and the Haiku Contest 2014

Zum sechzehnten Mal führte die HIA (The Haiku International Association) ihren Haiku-Wettbewerb durch. Kimura Toshio richtete über die international eingereichten Haiku und zeichnete mit zwei Preisen und vier ehrenden Erwähnungen insgesamt sechs Haiku aus. Gleichwertig mit einem Preis wurden Dietmar Tauchner und Magdalena Banaszkiewicz aus Polen bedacht.

frost touched hair
future consists
of memories
    Dietmar Tauchner

Haiku- und Tanka-Auswahl Dezember 2014

Im Zeitraum November 2014 bis Januar 2015 wurden insgesamt 334 Haiku und 12 Tanka von 80 Autorinnen und Autoren für diese Auswahl eingereicht. Einsendeschluss war der 15. Januar 2015. Jeder Teilnehmer konnte bis zu 5 Haiku oder Tanka einsenden.

Diese Texte wurden vor Beginn der Auswahl von mir anonymisiert. Die Jury bestand aus Elisabeth Kleineheismann, Eva Limbach und Boris Semrow. Die Mitglieder der Auswahlgruppe reichten keine eigenen Texte ein. Alle ausgewählten Texte (36 Haiku und 1 Tanka) sind nachfolgend alphabetisch nach Autorennamen aufgelistet – es wurden bis zu max. drei Texte pro Autor/in aufgenommen.

„Ein Haiku/ein Tanka, das mich besonders anspricht" – unter diesem Motto besteht für jedes Jurymitglied die Möglichkeit, bis zu drei Texte auszusuchen (noch anonymisiert), hier vorzustellen und zu kommentieren.

Der nächste Einsendeschluss für die Haiku/Tanka-Auswahl ist der 15. April 2015.

Es können nur bisher <u>unveröffentlichte</u> Werke eingereicht werden. Keine Simultaneinsendungen. Die Einsendungen bitte im Mail-Body, keine angehängten Dateien.

Bitte senden an: **auswahlen@deutschehaikugesellschaft.de**

Da die Jury sich aus wechselnden Teilnehmern zusammensetzen soll, möchte ich an dieser Stelle ganz herzlich alle interessierten DHG-Mitglieder einladen, als Jurymitglied bei kommenden Auswahl-Runden mitzuwirken. Das macht Spaß und man lernt viel dazu.

Petra Klingl

Ein Haiku, das mich besonders anspricht

wieder gefunden
unter braunen Blättern
Karo-König

Angelica Seithe

Ach, da liegt er ja, der Karo-König!

Den ganzen Winter über wurde er vermisst im Kartenspiel. Keiner in der Familie hatte ihn gesehen, in keinem Zimmer des Hauses wurde er gefunden. Aber wenn ein Kartenspiel nicht vollständig ist, kann man nicht damit spielen, nicht wirklich. Und im Winter sind die Abende so lang, da wird oft und gerne gespielt, Mau-Mau, einundfünfzig tot, Skat und was alles noch so möglich ist, sogar Zaubertricks werden mitunter in der Familie vorgeführt.

Nun ist das neue Jahr schon in die Tage gekommen, alte Blätter liegen noch im Garten, manche sind im Winter zu kleinen Häufchen geschoben worden. Es wird langsam Zeit, in den Garten zu gehen und sich zu betätigen. Das Wetter ist mild, der Rechen steht bereit, los geht es. Die braunen Blätter müssen weg, ehe die ersten Krokusse sprießen.

Ach, da liegt er ja, der Karo-König!

Den ganzen Winter … s. o.

Zurück zum Haiku: „wieder gefunden", die Einleitung schon spannend, „unter braunen Blättern" zeigt den Bezug zur Jahreszeit und dann in der dritten Zeile die Überraschung, der „Karo-König". Damit öffnet sich Neues. Vermutlich der Frühling. Herz-Bube oder Herz-König wäre auch schön gewesen, oder sogar Herz-Dame (?).

Für mich ein sehr gut gelungenes Haiku, das mir viel Freude bereitet.

Ganz zum Schluss steigt die Frage auf: Wie sieht der König denn aus, nachdem er so lange unter den braunen Blättern gelegen hat? Ich bin gespannt auf ein nächstes Haiku.

Ausgesucht und kommentiert von Elisabeth Kleineheismann

Teezeremonie
ihre Hände –
Porzellan

Eleonore Nickolay

Vier Worte, zwölf Silben, über drei Verse verteilt: erst fünf, dann vier, dann drei. Zentriert untereinander geschrieben, verjüngen sich die Verse nach unten und ergeben das Bild eines Gefäßes, einer Schale, wie sie wohl auch gereicht werden würde in einer

Teezeremonie
ihre Hände –
Porzellan

Mit der Teezeremonie beginnt das Haiku und lässt dabei einen sorgsam gestalteten Ablauf wach werden: der Garten, die Begrüßung, Reinigung, das Teehaus. Das Haiku endet mit Porzellan, aus dem das in der Zeremonie verwendete Geschirr gefertigt sein mag. Dazwischen: ihre Hände.

Ihre Hände verweisen auf ein weibliches Gegenüber, eine weibliche Figur, die jene Klammer zwischen Teezeremonie und Porzellan zum Leben erweckt. Gleichwohl verzichtet das Haiku auf handelnde und beschreibende Elemente. Es enthält weder Verb noch Adjektiv und lässt gerade dadurch so einen hohen Assoziationsspielraum zu.

Ihre Hände – berühren sie vorsichtig das zerbrechliche Porzellan? Und sind ihre Hände ebenso zart und kostbar wie der Stoff, den sie berühren? Der Gedankenstrich – in diesem Fall eine Variabel, ein Leerzeichen, das der Lesende selbst ausfüllen darf.

Ausgesucht und kommentiert von Boris Semrow

vertrautes Land
ich stelle mich
gegen den Wind

Klemens Antusch

Schon beim ersten Lesen hat mich dieses Haiku gefesselt. Hier wird mit acht Wörtern eine Situation geschildert, die wohl bei jedem Leser andere Assoziationen entstehen lässt. Mich hat das vertraute Land direkt in meine Kindheit geführt. Die zweite Zeile baut Spannung auf und dann kommt mit dem Wind die Veränderung ins Spiel. Ob gut oder schlecht bleibt offen. Wir lesen nur, dass sich der Schreiber ihr entgegenstellt.

Viele Fragen, viele Gedanken bleiben …

Dieses Haiku wird mich sicher noch eine Weile beschäftigen.

Ausgesucht und kommentiert von Eva Limbach

Die Auswahl

Silvesternacht,
der Stern von Betlehem
duckt sich weg.
    Johannes Ahne

vertrautes Land
ich stelle mich
gegen den Wind
    Klemens Antusch

Gänsehaut …
ich fühle jeden Ton
des Pianisten
    Christa Beau

Eisschmelze
wir beide mit den Stiefeln
im Mondhimmel
    Claudia Brefeld

Neuschnee
die eine Fußspur nur
bergan
    Horst-Oliver Buchholz

schneekalte nacht
zwischen uns
ein fast vergessener klang
    Klemens Antusch

Balkonschmuck
in einer Weihnachtskugel
Mondlichtsplitter
    Christa Beau

Öffne das Fenster
im Bach rauscht
der Schnee von gestern
    Reiner Bonack

januarnebel auf deiner stirn mein kuss
    Ralf Bröker

Die Ruhe des Steins
der ins Wasser sinkend
seine Kreise zieht
    Horst-Oliver Buchholz

Morgenmeditation
im Yogahaus
toben die Spatzen
Simone K.Busch

Metamorphosen
im Mondlicht
mein Garten …
Gerda Förster

Testamentseröffnung …
von den Tannen
fällt Schnee
Heike Gericke

Abstand
zwischen uns
wachsen Schatten
Hans-Jürgen Göhrung

Mittelmeerbrandung
In der Milchstraße versinkt
eine Sternschnuppe
Claudius Gottstein

ein Schattenriss –
an der Wand
ich
Ruth Guggenmos-Walter

Nachthimmel –
auf der Schafherde
Mondspuren
Erika Hannig

In Streifen zieht Nebel
über den Fluss
nur der Fährmann und ich.
Ramona Linke

Rabenvögel –
die langen Schatten
des Winter
Gerda Försters

Neujahrsmorgen
das Eis ist getaut
zwischen uns
Heike Gericke

Erster Schnee
der neue Klang
der Stille
Hans-Jürgen Göhrung

Spätes Sonnenlicht
Der Umriss der Ruine
wird immer größer
Hans-Jürgen Göhrung

Runder Tisch
Zwei Gespräche
kreuzen sich
Claudius Gottstein

Im Spiegel
jetzt nach Mutters Tod –
ihr Ebenbild
Erika Hannig

Ungesagtes
die fehlende Farbe
in ihren Augen
Gabriele Hartmann

Morgenmond –
das verwitterte Gesicht
des Friedhofsengels
Ramona Linke

Schnee –
der Wald erfindet sich
neu

Eleonore Nickolay

Teezeremonie
ihre Hände –
Porzellan

Eleonore Nickolay

wieder gefunden
unter braunen Blättern
Karo-König

Angelica Seithe

Sturm und Regen
was ich tun wollte heute
vergessen

Brigitte ten Brink

Die Fremde lächelt
mir im Vorbeigehen zu
Neujahrsprognose.

Angela Hilde Timm

Nebelschwaden
Mutter verweigert
das Essen

Eleonore Nickolay

Frostiger Montag.
Das Lächeln des Verlierers
auf dem Wahlplakat.

Wolfgang Rödig

Moskito-Angriff
im Ikkyuji-Tempel –
ich in Kampfhaltung.

Kenji Takeda

die alten Karten
neu gemischt –
mein Enkelkind

Brigitte ten Brink

zwischen Fassadengraffiti
das leere Fenster
gefüllt mit AC/DC

Elisabeth Weber-Strobel

Ins Gespräch vertieft,
und wie die Landschaft mitspricht
mit vielen Stimmen,
noch lang in die linde Nacht
wunderbar flüsternd der Wind

Beate Conrad

Haibun

Traude Veran

Die Urgroßmutter

Sie arbeitet an einem Bäume-Heft für ihre Urenkelin: Klebt Fotos und Artikel ein, und damit sich die Ecken der Seiten durch das zu erwartende häufige Umblättern nicht aufbiegen, verstärkt sie sie mit selbstklebenden Blümchen.

Das kleine Mädchen ist zwei Monate alt.

Bäume pflanzen –
einer Kraft vertrauen
die mich nicht mehr braucht

Traude Veran

Zandvoort

Quartier für eine Nacht. Die kleine Pension gefiel uns auf den ersten Blick: komfortabel, freundlich, geschmackvoll. Im Erdgeschoss war Steen, der Sohn, gerade dabei, eine Boutique einzurichten. Wir schauten uns darin um, ich erwarb ein Jäckchen und eine Strohtasche.

Am Morgen die verheulte Servierin. Um Mitternacht war Steen fertig gewesen mit Dekorieren, trat vor das Schaufenster, um noch einen Blick hineinzuwerfen.

Ein Wagen mit betrunkenen Jugendlichen schleuderte um die Ecke. Steen war sofort tot.

Wir legten das Geld auf den Tisch und fuhren schweigend ab.

„Mitten im Leben
sind wir vom Tod umgeben" –
Deutsche reimen gern

Helga Stania

an der reuss

unterwegs auf sandigem pfad. wellen lecken an steinen und umgestürzten bäumen. biberland. die berge, zwei tagesmärsche entfernt, zeigen
sich blau verhüllt im morgenlicht.

märzwind
die durchsichtigen flügel
unserer hoffnung

Helga Stania

leise klopft es

an der fensterscheibe; etwas taumelt zu boden, grün-grau-gelbe flügelchen …
welch bisschen leben, beinahe gewichtslos: das wintergoldhähnchen
warm in meiner hand.

mit dem wind
unerkannt dahin
abendklangfarben

Tan-Renga

Rüdiger Jung
und Conrad Miesen

Der Schnee tropft vom Dach.
Geruhsames Zeitenmaß
im Kloster Steinfeld

Und plötzlich weißt du: Stunden
sind getaute Ewigkeit

CM / RJ

Heike Gericke
und Eva Limbach

die ersten Flocken...
endlich
Vaters Wunsch erfüllen

kurz vor Ladenschluss
Stairway to heaven

HG / EL

Horst Ludwig
und Dietmar Tauchner

Winterklare Nacht.
Im Gitterwerk des Geästs
funkelnde Sterne.

Auf dem Weg zur Christmette
froh die Milchstraße entlang.

HL / DT

Rengay

Sylvia Bacher und Brigitte ten Brink	Gabriele Hartmann und Brigitte ten Brink
warteraum	**fremde Fährten**
beim zahnarzt im warteraum – es boomt der gang zum WC	vorm Hoteleingang bereit für das nächste Ziel die Rentnergruppe
zwischen alten zeitungen geschenkpapier	auf leisen Sohlen naht der Rudelführer
aus kinderhand rollen kastanien über den tisch	neugierig fremden Fährten in den Tag folgen
nieselwetter eintauchen in mutters erinnerungen	Kotaus … Himmel und Glockenblumen vom gleichen Blau
auf serpentinen durch das späte grün	unter Schweißperlen verstummte Gespräche
tage wie dieser wo ich war – wohin ich geh der gleiche himmel	morgen war ich schon einmal hier Traumfänger
SB: 1, 3, 5 / BTB: 2, 4, 6	BTB: 1, 3, 5 / GH: 2, 4, 6

Gabriele Hartmann
und Brigitte ten Brink

verflogene Düfte

morgendliche Kühle
ihr Finger berührt
sein Handgelenk

Zeitungsrascheln – Antwort
auf alle Fragen

flüchtige Küsse
was heute alles sein wird
oder nicht

tief Luft holen
beim Schließen der Haustür
Wolken am Himmel

verflogene Düfte
Mutters Mutter hieß wie er

vor der Bürotür
den Lippenstift nachziehen
ohne Spiegel

GH: 1, 3, 5 / BTB: 2, 4, 6

Kettengedichte

Ramona Linke
und Helga Stania

Vergessene Ruinen
New Jûnichô

Gottesanbeterin –
vereinzelt
singt eine Düne

Marokkanischer Garten
in Öl, Bleistift und Kohle

der Würfel aus Schweigen
sie verwebt ihre Not
mit einem Gedicht

vergessene Ruinen
die Nacht legt den Schleier an

Welle um Welle
Strukturen
gemeinsamen Lebens

gefangen im Permafrost
Signale eines Amöbenschwarms

Abbey Road
wir wechseln
die Seite

hinten im Schrank liegt noch
das Eiserne Kreuz

Armut der Kinder –
sie schauen nicht auf
vom Suppenteller

spielzeugkleine Äcker
tief unterm klüftigen Fels

Reich
der Himmel …
Windräder lärmen

Leerstellen   in unserem Wissen

HS: 1, 3, 5, 8, 10, 12 / RL: 2, 4, 6, 7, 9, 11

Claudia Brefeld
und Simone K. Busch

vom Eis befreit
Frühling – Shisan

Kindergeflüster
das Hoftor öffnet sich
dem Hasenmond

vom Eis befreit – Wellen
wiegen den Kahn himmelan

Haithabu
unterm Schatten der Eiche
fette Beute

Urlaubsparadies - barfuß
über glutrote Kohlen

kein Anruf –
das Weinglas wirft
den leeren Blick zurück

Karaoke: Soldaten
singen *99 Luftballons*

kalter Wind
… *der Allerseelentag*
hat Blüten auch und Lichter

blind Date im Nebelwald
die Hitze vom Taschenofen

zerliebt
sein Teddy bekommt
eine neue Nase

zwischen Entwurf und Konferenz
Kaffeeduft

wieder zu Hause
meine Katze
präsentiert ihre Maus

Drei Wünsche sprach ich im Traum
Barbarazweige

SKB: 1, 3, 4, 6, 8, 11 / CB: 2, 5, 7, 9, 10, 12

Haiku und Tanka aus dem Internet

Internet-Haiku-Kollektion
von Claudia Brefeld, Eleonore Nickolay und Maren Schönfeld

Aus der Werkstatt auf haiku.de und aus den Monatsauswahlen November, Dezember 2014 und Januar 2015 auf haiku-heute.de wurde folgende Auswahl (45 Haiku) für das SOMMERGRAS zusammengestellt:

Genfer Blumenuhr –
der Gärtner bettet die Stunden
in Chrysanthemen
Valeria Barouch

Herbstwind –
eine Handvoll Gelb wechselt
die Balkonecke
Valeria Barouch

„damals" – mit dem finger
fährt er den schrunden
im tisch nach
Gerald Böhnel

sterbezimmer
zuletzt
wir zwei
Gerald Böhnel

adventssonntag
im spiegelforum
retten sie deutschland
Ralf Bröker

Taifun …
über den Trümmern der Duft
grüner Orangen
Simone K. Busch

Sternenlicht
im Reisfeld eine Illusion
von Frieden
Simone K. Busch

Stein unter Steinen,
das kleine Haus am Meer
mondlichtbeschienen.
Beate Conrad

Vernissage
mit dem Rücken zur Wand
die Bilder
Gerda Förster

Autorennen
auf der Strecke geblieben
der alte Fuchs
Heike Gericke

Gesprächskreis
Plötzlich wechseln zwei
die Sprache
Claudius Gottstein

Perseiden
Wünsche verglühen
im Lichtsmog
Claudius Gottstein

geruch des staubs
worte eingebettet
in brüchigen couverts …
Ruth Guggenmos-Walter

verdunkelter Keller …
du flüstertest Märchen
in den Advent
Ilse Jacobson

Rumba in Moll
vom Chiffon umschlungen
sein rechtes Bein
Silvia Kempen

Das Flüstern im Haus
verstummt. Nun lauschen sie
in die Heimlichkeit …
Angelika Knetsch

Dichter-Freunde
schlurfen durchs Platanenlaub
„bei Hölderlin" noch Licht
Gérard Krebs

Gegenlicht
am Blattrand geht
die Sonne unter
Tobias Krissel

die Krähen im Nebel –
wie wenig
wir voneinander wissen
Eva Limbach

Großes Geläut
dahinein
mich fallen lassen
Ramona Linke

aufhorchen …
ein Helikopter kreiselt
das Licht
Angelika Holweger

Schwesternstreit
das Kräuseln ihrer Nase
wie Vater
Silvia Kempen

Sankt Martin
unter dem Mantel heute
eine Frau
Angelika Knetsch

Streikbrecher –
Vaters Zug fährt pünktlich
durch das Wohnzimmer
Franz Kratochwil

Allerseelen
ein aufgegebenes Grab
bekommt eine Kerze
Gérard Krebs

Wintersonnwende –
in Vaters leerer Wohnung
stapelt sich die Post
Eva Limbach

Ewigkeitssonntag …
die ungeschriebenen Briefe
Eva Limbach

See im Nebel
bis zum Rand der Erdscheibe
drei Ruderschläge
Birgit Lockheimer

Mauerballons –
Am Himmel
löst sich die Grenze

Andrea Naß

Lindenstumpf
Duft
aus hundert Jahren

Rudi Pfaller

nebel ums haus
endlich wohne ich
in den wolken

René Possél

grabplatten
im sonnenlicht verschwinden
die namen

René Possél

zwischen wünschen
die wirklichkeit
erkalteten bleis

Birgit Schaldach-Helmlechner

Café del Mar
in der Novembersonne
irgendwo Weihnachten

Klaus Stute

lange Winternacht
eingefroren in die Zeit
der Streit mit Vater

Dietmar Tauchner

ein Liebespaar
auf freiem Feld
der ungeteilte Himmel

Elisabeth Weber-Strobel

Gottes Wort
die Gemeinde versteht
seinen Akzent nicht

Eleonore Nickolay

Advent
wickle Geschenke
in Mondlicht

Rudi Pfaller

herbstblues
im kahlen wald
das pfeifen

René Possél

dorfleben –
das mütterchen spricht
mit den grabsteinen

Jörg Schaffelhofer

wilder Wein
eine Weile noch summt mein
Haus in der Sonne

Angelica Seithe

Bushaltestelle
am Rand der Milchstraße
glimmt eine Zigarette

Dietmar Tauchner

Fandango
aus ihrem Fächer weht
schwarzer Wind

Hubertus Thum

Streit im Nachbarhaus
zwei Oktaven

Friedrich Winzer

auf dem berg
den hut absetzen
nun trägt mein kopf den himmel
Peter Wißmann

Internet-Tanka-Kollektion

von Claudia Brefeld, Eleonore Nickolay und Maren Schönfeld

Aus dem Tanka-Online-Magazin „einunddreißig" auf
www.einunddreissig.net wurde folgende Auswahl für das SOMMER-
GRAS zusammengestellt:

Sonnenaufgang
auf dem Kopfkissen
ein Regenbogen
was könnte es sein, wenn nicht
der Abdruck meiner Träume
Valeria Barouch

Mein Lachen
im Spiegel
ist das der Mutter
ich trage es mit Blumen
an ihr Grab
Christa Beau

Wurzeln – wie Hände
gekrallt in Stein
damals

Lautlos
die Schatten aushalten
Reiner Bonack

Die Namen
abgelöst schon
von allen Türen

Ein vergessener Spiegel
blinzelt ins Licht
Reiner Bonack

in 7 Milliarden Jahren
wird die Sonne
erlöschen –
im Radio
Beethovens Fünfte
Frank Dietrich

eine Raupe zertreten …
in der Nacht darauf
träumte ich
von Schmetterlingen
ohne Flügel
Frank Dietrich

Frühlingsduft –
unermesslich die Zahl
der Sterne
doch es ist das Mondlicht
das dein Lächeln vertieft

Silvia Kempen

Krächzen der Krähen
Über unserem Wasser
Der frühe Nebel
Rauch aus dem Schornstein
Ruft leise den Tag

Thomas Menke

schlaflos –
Leuchtkäfer verharrt
an meiner Scheibe
schlingt einen Bogen in die Luft
lässt Nacht zurück

Angelica Seithe

Zuflucht suchen
flüstern von „gute Nacht"
unbeantwortete
Fragen aus unserem Streit
hält unser Bett immer noch kalt

Alexander Jankiewicz

Zuckende Blitze
schreiben das Menetekel
lautlos am Himmel.
Ein Sommerabend brütet
endlos über dem Weiher.

Conrad Miesen

Zukunftspläne …
der Himmel voller
Vergangenheit
zurück bis zum
Anfang der Zeit

Dietmar Tauchner

Leserbriefe

Angeregt durch Klaus-Dieter Wirths Essay „Grundbausteine des Haiku (XXI) / Literarischer Bezug" in SOMMERGRAS Nummer 107 möchte ich, obwohl der Autor den Schwerpunkt auf fremdsprachliche Beispiele legt, in Erinnerung an den bedeutenden Haiku-Dichter und Essayisten Mario Fitterer (1937–2009) als Fundstück eines seiner Haiku mit Bezug auf Bashôs „Froschteichgedicht" sowie eine Passage aus einem seiner Essays, sozusagen als zugespitztes Diskussionsangebot, zitieren. Im betreffenden Textauszug geht es im weitesten Sinn ebenfalls um die *Frage, ob es überhaupt gestattet sei, sogenannte Schreibtisch-Haiku zu verfassen, also solche, die nicht durch unmittelbares Erleben in der Natur entstanden sind.*

Keine Spur von Bashô
am Rande des Teichs
eine Narzisse

(Aus: Mario Fitterer, der springende stein, Mafora Verlag, Denzlingen, 1993)

Zwei Haiku-Wege tun sich auf. Die eine Möglichkeit ist ein Haiku, bei dem belanglos ist, ob es Literatur ersten oder zweiten Ranges ist. Es ist ein Haiku, das dem inspirativen Moment, der Situation und dem Ereignis, wie sie ursprünglich waren, unmittelbar entspricht, selbst auf das Risiko hin, schriftlich fixiert unter literarischen Gesichtspunkten banal zu sein (…)

Der andere Weg ist Haiku als moderne Lyrik. Es erhebt nicht nur den Anspruch, Literatur ersten Ranges zu sein, sondern auch Gedicht, das, ungeachtet der Stildominanz, aufgrund wesentlicher Haikuelemente, die es enthält, in gleichem Maße Haiku ist.

(Aus: Mario Fitterer, Zum Kuckuck! Haiku und moderne Haiku-Lyrik, 15.09.2007 auf: http://www.haiku-heute.de/Archiv)

Reiner Bonack

Rezensionen

Silvia Kempen

Haiku-Verse

Haiku-Verse im allgäu-schwäbischen Dialekt von Johannes Ahne. Herausgegeben vom Förderverein mundART Allgäu e.V. in der Serie „Echt Allgäu" mit der Nummer 3. 2014. 112 Seiten.

Mit seinem Format 11,4 x 17,4 cm liegt die gebundene Ausgabe gut in der Hand. Auf den ersten Seiten kommen der Autor und in einem Vorwort der Erste Vorsitzende Simon Gehring vom Förderverein mundART Allgäu e. V. zu Wort.

Daran schließen sich im Wechsel 32 Bildseiten und 32 Textseiten an. Das sind pro Seite je zwei und insgesamt 64 Mundart-Haiku. Im zweiten Teil des Buches gibt es wiederum abwechselnd 18 Bildseiten und 18 Textseiten, auf denen jeweils 1 Haiku in Hochdeutsch zu lesen ist.

Auf den Bildseiten befinden sich insgesamt 32 Zeichnungen, Miniatur-Skizzen, Linol- und Holzschnitte, die Johannes Ahne angefertigt hat.

Zu den mundartlichen Haiku gibt es keine Übersetzungen. Der Autor empfiehlt, bei den Ureinwohnern nachzufragen. Aber eigentlich sind die Texte auch so zu verstehen, da besondere Ausdrücke entsprechende Fußnoten mit Erklärungen aufweisen. Dazu als Beispiel die Haiku der Seite 57:

Boiheed isch 'r*
dr „Homo Illertaljensis"
a Flußkiesel halt!

Machs Gartatürle zua,
dr Mond und dr Große Bär**
send doch scho doo.

*beinhart ist er
**Sternbild

Wie bei den Mundart-Haiku beginnt auch der „hochdeutsche Teil" mit einem Neujahrshaiku (Seite 73):

Neujahrsmorgen –
die Champagner-Flasche
ungeöffnet.

Ein Haiku, welches mir besonders gefällt, steht auf Seite 49; es spiegelt Lebensfreude wider, erinnert mich an meine Kinder und meine Kindheit:

Wintrschualweag –
Eislacha* schleifa
noomol und noomol!
*gefrorene Pfütze

Das Buch bietet eine Haiku-Reise durch die Jahreszeiten sowie Haiku zu allgemeinen und philosophischen Themen, von denen aus meiner Sicht manche wohl eher Senryû oder aphoristische Haiku sind. Dennoch ist gerade der mundartliche Teil ein Lesevergnügen. Dazu noch ein Beispiel von Seite 71:

Jetzt bi i alt gnua,
daß i woiß, daß i nix woiß,
i sags abr koim!

Foto: Claudia Brefeld

Silvia Kempen

Grenzort

Grenzort, ein Haiku-/Senryû-Katalog von Otmar Matthes. Dieser Katalog zeigt Bilder und Haiku/Senryû einer seit Jahren durchgeführten Ausstellung. 1994–2014, 40 Seiten, zu beziehen über: otmar.matthes@gmail.com

Das Buch ist mit einem in Weiß gehaltenen festen Einband versehen, auf dessen Vorderseite sich ein Foto mit dem Titel befindet, darunter ein Haiku in einem Filmstreifen. Die Fotos und Haiku/Senryû stammen alle vom Autor Otmar Matthes. Das Format ist DIN A4, die Innenseiten bestehen aus hochwertigem Fotopapier.

Die Seiten der ersten Hälfte des Buches sind wie die Titelseite gestaltet. Alle Fotos sind in Schwarz-Weiß mit leichtem Sepia-Effekt gehalten, sie muten an wie aus einem vorherigen Jahrhundert. Allein wegen seiner ausdrucksstarken Bilder lohnt sich schon der Blick in dieses Buch.

In der zweiten Hälfte befinden sich Informationen zum Grenzort, die Haiku bzw. Senryû aus der ersten Hälfte mit einer italienischen Übersetzung, sowie Informationen zum Haiku/Senryû und zum Autor. Diese Informationen gibt es ebenfalls in deutscher und italienischer Sprache. Die italienischen Übersetzungen wurden von Frau Mag. Florika Griessner und ihrem Studententeam der Universität Graz erarbeitet. Die Qualität der Übersetzungen kann ich persönlich nicht beurteilen, da ich kein Italienisch verstehe.

In Wort und Bild befasst sich der Autor mit dem Leben im kleinen Ort Veseus (Michelsdorf) in Siebenbürgen. Dort leben, wie der Autor schreibt, Rumänen, Zigeuner, Ungarn und eine letzte Handvoll Siebenbürger Sachsen ein mehr oder minder konfliktbeladenes Zusammensein.

Auf der dritten Seite das erste Foto, eine Mutter mit ihren vier Söhnen, darunter das erste Haiku:

HALB LICHT, HALB SCHATTEN:
UNSER SCHRITT ANS WELTENDE
KENNT KEINE GRENZEN.

Das einundzwanzigste Haiku bzw. Senryû gefällt mir besonders gut, es steht unter dem Foto eines Grabsteins. Auf diesem Grabstein das Bild eines Mannes, darunter der Name Johann Krauß mit seinen Geburts- und Sterbedaten. Er wäre in seinem Sterbejahr 90 Jahre alt geworden.

GEHEIMNIS LEBEN:
UNSER KURZES LICHT, AN DEM
FINSTERNIS ZERBRICHT.

Eleonore Nickolay

Haiku, die ins Herz treffen

Mitten ins Gesicht, Haiku aus dem Krieg 1914-1918, gesammelt und erstellt von Dominique Chipot, aus dem Französischen übersetzt von Klaus-Dieter Wirth. Hamburger Haiku Verlag. 2014. ISBN 9786-3-937257-75-4. 132 Seiten.

Schon auf der ersten Seite ist der Leser mitten drin im Grauen des Krieges. Ein anonymes Haiku nimmt uns mit in den Schützengraben:

Kampfabend
in der Ferne die Kanonen …
ganz nah die Verwundeten

Wir kennen den Verfasser nicht. Er ist ein uns unbekannter Soldat, aber anders als der anonyme Kamerad im Grab des Unbekannten Soldaten bleibt er uns nicht fremd. Das konkrete, direkte Wesen des Haiku macht es möglich. Augenblicklich sitzen wir neben ihm und hören wie er die fernen Donnerschläge der Kanonen und die Schreie der Verwundeten.

Dominique Chipot fand es auf einem losen Blatt im Privatarchiv von René Maublanc, dem dritten im Bunde jener Intellektuellen und Literaten, denen die Einführung des Genres in Frankreich zu verdanken ist.

Nach Paul-Louis Couchoud, der es auf einer Weltreise kennenlernte und ab 1904 in seinem Freundeskreis bekanntmachte und nach Julien Vocance, einem Freund von Couchoud, dessen Haiku aus dem Schützengraben bereits 1916 veröffentlicht wurden, war es Maublanc, der sich ab den 1920iger Jahren in zahleichen Artikeln und Vorträgen um dessen Verbreitung bemühte.

Indem Chipot seine Anthologie mit den unbekannten Soldaten beginnt und die vierzehn namentlich bekannten Haiku-Dichter alphabetisch geordnet folgen lässt, wie wir es von Namenslisten auf Kriegsdenkmälern kennen, gibt er seiner Anthologie auch formal den Charakter eines Mahnmals: Vergesst nicht die Opfer des Krieges, vergesst nicht das unermessliche Leid, das er über die Menschen brachte und immer noch bringt, möchte man hinzufügen.

Gemäß der alphabetischen Reihenfolge bilden den Abschluss der Anthologie die „Hundert Ansichten des Krieges" von Julien Vocance, der als erster erkannt hatte, dass in den drei Zeilen des Haiku alle Facetten des grausamen Kriegsgeschehens ihren Platz finden konnten. Damit gab er anderen traumatisierten Frontsoldaten ein Ausdrucksmittel an die Hand, das ihnen nach Kriegsende half, das Erlebte zu verarbeiten.

Seite um Seite nimmt nun der Leser teil an dem Erlebten. Jedes Haiku, beziehungsweise Kurzgedicht, denn nicht jedes Gedicht entspricht schon unserer Vorstellung eines Haiku, mutet an wie ein Steinchen im großen Mosaik des Krieges. So lesen wir im Gedicht von Maurice Betz, wie die Kriegserfahrungen die Wahrnehmung verzerren:

Ich habe eine Wolke, die sich einem Tümpel fortbewegte
Angeschrien: Halt, wer da?
Doch sie war schon weg.

René Druart zeigt die Wucht der Zerstörung:

Sie waren zu sechst im Keller.
Man weiß, dass sie noch dort sind.
Aber wo ist der Keller?

Maurice Gobin liefert uns die Momentaufnahme nach einem Angriff:

Feuerstöße knattern
Plötzlich Stille.
Der Ruf des Rebhuhns

Marc-Adolphe Guéguan widmet sich einem der zahlreichen grauenvollen Erlebnisse im Schützengraben:

Ist es ein letzter Gedanke,
Der sich da in seinem Auge regt?
Nein. Es ist die erste Made.

Aber es gibt auch Szenen zwischen den Angriffen, in denen die Soldaten einige Momente die Gräuel vergessen: René Maublanc:

Schlechter Champagner
Ein Klavier…
Eine Stunde lang kein Krieg mehr.

Und dann wieder hinein in das Inferno; René Maublanc:

Mitten ins Gesicht,
die tödliche Kugel.
Seiner Mutter hat man gesagt – ins Herz.

Schonungslos sind die von Chipot zusammengetragenen Haiku. Schonungslos wie die Kugel, die mitten ins Gesicht trifft, zeigen sie uns die Wahrheit des Krieges und treffen uns mitten – ins Herz.

Erwähnenswert ist die Tatsache, dass die meisten der hier vertretenen Haiku-Dichter in freundschaftlicher Verbindung zu Vocance und Maublanc standen, was sich dem Leser allerdings wegen der alphabetische Anordnung der Autoren nicht erschließt und dem deutschen Leser völlig verborgen bleibt, da in der Übersetzung deren Kurzbiografien fehlen.

Claudia Brefeld

… lütter Jold

Eefeljold – Eifelgold von Rita Rosen. Haiku im Eifeler Dialekt geschrieben und ins Hochdeutsche übersetzt. Zeichnungen von Sigrid Rosen-Marks. Engelsdorfer Verlag, Leipzig. 2014. ISBN 978-3-95744-322-9. 78 Seiten.

Dialekt ist die Muttersprache, Hochdeutsch oder Schriftdeutsch ist die erste Fremdsprache, heißt es und erklärt so, warum er eben auch ein Stück der eigenen Identität ist. Er beinhaltet Traditionen, gewachsene Strukturen und vermittelt soziale Nähe und Geborgenheit – es ist die Sprache, mit der man aufwächst. Und es sind der individuelle Klang, die Lautmalerei im farbigsten Sinne, welche mitschwingen und mitgestalten.

Der Dialekt entspricht der lyrischen Anforderung des Haiku. Reduziert, humorvoll, pointiert kommt eine Beobachtung zur Sprache (Text – Cover-Rückseite). Diese Verbindung hat Rita Rosen in ihrem neuen Haiku-Band umgesetzt und sie – wie könnte es anders sein – ihrer Heimat gewidmet.

Dass sich hinter Eefeljold der Ginster verbirgt, wird gleich auf den ersten Seiten klar:

op däm kaale Hang	*auf dem kahlen Hang*
de Jensterstrüüker su jel	*die Ginstersträucher so gelb*
mer könt jett dröeme	*man könnte träumen* (S. 13)

Von Seite zu Seite erwandert sich der Leser die Eifeler Dörfer, die Festtage und die kleinen Alltagsdinge, nickt dem Nachbarn im Vorübergehen zu,

oovents kläpp de Jlock	*abends die Glocke*
Mechel deet seng Kap vom Kop –	*Michel nimmt die Kappe vom Kopf –*
de Paisch es jemäät	*die Wiese gemäht* (S. 26)

wartet mit der Gemeinde auf den Pastor (Fronleichnam),

su ene fenge	*ach, so ein feiner*
Bloometäpich vüer däm Krüts –	*Blumenteppich vor dem Kreuz –*
bes dä Pastur kött	*bis der Pastor kommt* S. 39)

und sieht – nach langer Zeit wieder im Dorf – plötzlich das Fremde in neuen Gesichtern:

dörch os ahl Dörf joon	*durch das alte Dorf*
de Hüüser kenne ech noch	*die Häuser kenne ich noch*
de Jesiechter – nöi	*die Gesichter – neu* (S. 55)

Das Band entlässt uns mit einem Sechszeiler und seiner Frage, die unbeantwortet bleibt …

Und vielleicht ist es stellvertretend auch die (bange) Frage nach der Zukunft des Eifeler Dialektes und den Sitten und Gebräuchen, die eng damit verknüpft sind:

fröher	*früher*
soaht mer noch:	*sagte man:*
Jott hälf öch	*Gott helf' euch*
mer reef zoröck:	*man rief zurück:*
Jott dank öch	*Gott dank' euch*
On höck?	*und heute?* (S. 74)

Bleibt sie am Ende als Frage, wo und wie Traditionen überhaupt noch erhalten bleiben – können?

Dabei ist Dialekt nicht nur Tradition und Lokalkolorit, er kann eine Brücke zwischen Vergangenheit und Gegenwart sein und bietet somit die Chance, sich mit den eigenen Wurzeln auseinanderzusetzen.

Dies hat Rita Rosen mit ihrem Haiku-Buch in den Fokus gerückt.

„*Eifeler Platt ist meine zweite Sprache. Ich liebe es – die Wörter, die Ausdrucksweise, das Lakonische, das Ironische. Das hat mich ein Leben lang begleitet*", sagt sie.

Nach der Lektüre ihres Haiku-Bandes kann man nur verstehend und zustimmend nicken!

Mitteilungen

Neuveröffentlichungen

1. Gabriele Hartmann: Sterne und Staub. Haiku 2012 und 2013.
   Als Doppelbuch, Ringbindung. bon-say-Verlag, 2014. 112 Seiten.
   Zu beziehen unter: info@bon-say.de

2. Gabriele Hartmann: all in! Haiku im Kontext.
   Ringbindung. bonsay-Verlag, 2014. 156 Seiten.
   Zu beziehen unter: info@bon-say.de

3. Otmar Matthes: Grenzort. Haiku-/Senryû-Katalog. Dieser Katalog
   zeigt Bilder und Haiku/Senryû einer seit Jahren durchgeführten
   Ausstellung: 1994–2014. 40 Seiten.
   Zu beziehen unter: otmar.matthes@gmail.com

4. Johannes Ahne: Haiku-Verse im allgäu-schwäbischen Dialekt. Her-
   ausgegeben vom Förderverein mundART Allgäu e. V. in der Serie
   „Echt Allgäu" mit der Nummer 3. 2014. 112 Seiten.
   Zu beziehen unter: www.mundart-allgaeu.de

5. Ingo Cesaro: Eine schöne Leich'. Kriminal-Haiku. In der Form tra-
   ditioneller japanischer Dreizeiler werden ganze Kriminalfälle erzählt.
   éditions trèves, Tier. 2015. 112 Seiten.
   Zu beziehen:Tel. 09261/63373 oder ingocesaro@gmx.de

Sonstiges

1. **Haiku-Symposium in Wien** (von Klaus-Dieter Wirth)
   Am 22. November 2014 veranstaltete die Österreichische Haiku Ge-
   sellschaft im Kunstraum der Wiener Ringstraßen-Galerien ein Sym-
   posium unter dem Titel „Wien als Schmelztiegel der Haiku-
   Dichtung". Unser DHG-Mitglied Klaus-Dieter Wirth hatte die Eh-

re, den Einleitungsvortrag „Grundkomponenten des Haiku – Tradition und Rezeption" zu halten. Dietmar Tauchner sprach über die „Entwicklung der modernen Haiku-Dichtung", sodann Hisaki Hashi, Universitätsdozentin am philosophischen Institut, über den „Einfluss des Zen auf die Haiku-Dichtung", Petra Sela, die Vorsitzende der ÖHG, über „Asiatische und europäische Dichtkunst im Vergleich", Marius Chilaru, rumänischer Autor und Literaturkritiker, über das „Haiku im europäischen Raum", Traude Veran, Sprachpsychologin, Schriftstellerin, Kulturjournalistin, zeigte unter dem Titel „Von Sprachen, Strophen und Bildern" Probleme bei der Übersetzung von Haiku-Dichtung auf. Zwischendurch trugen Mitglieder der ÖHG eigene Haiku vor. Für die musikalische Auflockerung sorgten Gaby Zechmeister (Koto), Kyoko Adaniya-Holm (jap. Trommel), Klaus-Joachim Keller (Cello), Hori Ikuyo (Gesang) Liane Presich-Petuelli (Flöte).

2. Bericht über eine Klang-Soiree (von Birgit Heid)

Manfred Nicola ist Masseur, Klangkünstler und Meditationsleiter im Raum Karlsruhe. Ende Oktober fand im Wohnzimmer seines Hauses eine Klang-Soiree statt, zu der er mich als Haiku-Autorin eingeladen hatte. Das Thema war „Herbst". Ich wählte zwanzig meiner Haiku aus, die besonders ruhig angelegt und geografisch auf meinen kleineren Wohnort begrenzt waren. Zu allen Haiku bereitete ich kleine Einführungen vor.

Zwölf Gäste fanden sich an diesem Abend nach und nach ein, alle waren mit Matten, Decken und Kissen ausgestattet. Die Stirnseite des Wohnzimmers war den fünf aufgehängten Gongs sowie einer Vielzahl aufgereihter Klangschalen und anderen Klanginstrumente vorbehalten. Pflanzen, meditative Gegenstände sowie Wandbehänge und dezent gedimmtes Licht unterstrichen die Stimmung des Raumes.

Die Gäste suchten sich jeweils einen Platz, breiteten ihre Matten aus und legten ihre Kissen darauf. Anschließend legten die Gäste sich hin und deckten sich zu. Die meisten kannten sich bereits. Die Gespräche wurden leiser, und Manfred begann eine längere Klangmeditation ohne Worte.

Im zweiten Teil standen meine zwanzig Haiku im Mittelpunkt. Ich beschrieb mit sanfter Stimme jeweils die örtlichen Gegebenheiten, z. B. eine Mauer, an der ich entlang gehe, einen Blick in einen Garten, eine Pergola und meine Gedanken, um die Gäste auf das darauf folgende Haiku einzustimmen. Jedes Haiku sprach ich langsam zweimal. Nach jedem Haiku ließ Manfred Nicola eine Minute lang inspirierte Klänge ertönen. Die ersten zehn Haiku waren thematisch der Ernte und den Früchten zugeordnet, und die zweiten zehn, die ich nach einer längeren Klangpause sprach, beinhalteten den Spätherbst, Alter und Abschied.

Nach meinem Vortrag folgte als dritter Teil des Abends eine geführte Klangmeditation mit dem Schwerpunkt „Erde, die uns trägt". Am Ende der Soiree wurde zunehmend durchgeatmet und man erhob sich leise. Die Gespräche setzten wieder ein und ich fragte einige Teilnehmer danach, wie meine Haiku angekommen seien und ob sie verstanden wurden. Für mich war der Abend schon allein wegen der Stimmung etwas ganz Besonderes. Mein Vortrag berührte mich selber auch sehr. Ich würde ihn gern wiederholen.

3. HINTER HOF HAIGA in der FREILUFTGALERIE
(von Rita Rosen)

In Wiesbaden gibt es eine Freiluftgalerie. Es ist eine Idee des Künstlers Titus Grab. Die Freiluftgalerie soll Menschen außerhalb eines Museums die Gelegenheit bieten, Kunst genießen zu können. Menschen, die zum Bus gehen, spazieren gehen, einkaufen oder den Hund ausführen, werden animiert, für eine gewisse Zeit innezuhalten und die Bilder zu betrachten. Die Galerie existiert nun schon einige Jahre. Sie erfreut sich großer Beliebtheit. Immer wieder gibt es wechselnde Ausstellungen. Sie wird geachtet. Beschädigungen gab es bisher nicht. In dieser Galerie gab es von Oktober bis Dezember 2014 die Ausstellung: HINTER HOF HAIGA. Eva van der Horst stellte in Kooperation mit Rita Rosen die Haiga her. Rita Rosen hat Haiku über das Leben in einem Wiesbadener Hinterhof geschrieben. Eva van der Horst hat diese Texte in ihre Farb- und Formwelt eingebunden. So entstanden zwölf ausdrucksstarke Bilder. Eine Tafel informierte über die Form des Haiga und des Haiku.

Dies war eine interessante Möglichkeit, einer größeren Öffentlichkeit Haiga und Haiku vorzustellen. Und eine ungewöhnliche Art, sie zu betrachten und sich daran zu erfreuen.

4. Ein Hinweis der Redaktion in eigener Sache

Einsendungen bitte wie folgt:

Haiku und Tanka bitte an

auswahlen@deutschehaikugesellschaft.de

Alle anderen Beiträge für SOMMERGRAS an

redaktion@deutschehaikugesellschaft.de

Covergestaltung

Das Cover dieser Ausgabe wurde von Elisabeth Kleineheismann gestaltet.

(Jahrgang 1948, geboren und aufgewachsen in Bielefeld, 1978 Umzug an die Weinstraße nach Neustadt, wo sie heute wohnt).

Elisabeth Kleineheismann schreibt über sich:

Gemalt habe ich schon immer, das liegt unserer Familie wohl im Blut. Als ich den Wunsch äußerte, Künstlerin oder Designerin zu werden, meinten meine Eltern: „Kind, lern was Anständiges". Was ich dann auch mit einer kaufmännischen Ausbildung tat. Aber ich habe neben einem (wechselnden) Brotberuf weiterhin mit Leidenschaft gemalt, geklebt, gestaltet, gezeichnet und experimentiert. Ich besuchte viele Kurse und die internationale Akademie in Trier und habe mir die Freiheit erhalten, so zu experimentieren und zu gestalten, wie es mir Spaß macht, da ich von der Kunst nicht leben muss. Seit 1988 stelle ich regelmäßig meine Werke aus. 2002 wurde ich nachhaltig von einem Haiku beeindruckt und fing dann selber an zu schreiben. In meiner letzten Ausstellung 2014 in Neustadt-Hambach habe ich meine Malerei mit Haiku verbunden und bin sehr schnell mit Besuchern ins Gespräch gekommen. Ich liebe es, mit Betrachtern meiner Werke zu diskutieren, und nähre auf diese Weise meine kreativen Quellen.

Impressum

Vierteljahresschrift der Deutschen Haiku-Gesellschaft
28. Jahrgang – März 2015 – Nummer 108

Herausgeber: Vorstand der DHG
                       Tel.: 040 / 460 95 479
                       E-Mail: info@deutschehaikugesellschaft.de

Redaktion: Claudia Brefeld, Maren Schönfeld, Eleonore Nickolay

Titelillustration: Aryl auf Leinwand von Elisabeth Kleineheismann

Satz und Layout: Martina Sylvia Khamphasith

Druck: Hamburger Haiku Verlag – Erika Wübbena
                       E-Mail: info@haiku.de

Vertrieb: Deutsche Haiku-Gesellschaft e.V.
                       Georges Hartmann, Ober der Jagdwiese 3, 57629 Höchstenbach
                       E-Mail: georges.hartmann@dhg-vorstand.de

Freie Mitarbeit erwünscht. Ihre Beiträge schicken Sie bitte per

E-Mail an: Claudia Brefeld, Maren Schönfeld, Eleonore Nickolay
                       redaktion@deutschehaikugesellschaft.de

Post an: Silvia Kempen, Brückenweg 1, 26689 Apen

Einsendeschluss
für die Haiku- und Tanka-Auswahl   15. April 2015
Redaktionsschluss: 25. April 2015

Jahresabonnement Inland (inkl. Porto) 25 €
Jahresabonnement Ausland (inkl. Porto) 30 €
Einzelheftbezug Inland/Ausland 6 € (zuzügl. Versandkosten)
Auslandsversand nur auf dem Land-/Seeweg.
Für Mitglieder der DHG ist der Bezug im Mitgliedsbeitrag enthalten.

ISSN: 1863-088X

Herstellung und Verlag: BoD- Books on Demand, Norderstedt
ISBN: 978-3-7494-4629-2